五彩校园文化艺术活动丛书

校园旅游类活动指导手册

王 淼 ◎编著

前言 PREFACE

在党和政府的要求下，长期以来，学校文化艺术活动作为学校教育教学工作的一个重要组成部分，不仅是广大青少年建立兴趣爱好和成材的重要途径，而且是学校德育工作发挥巨大作用的主要因素。营造丰富多彩的校园文化，为广大青少年开拓广阔的成材之路，这是加强素质教育的要求，也是培养青少年未来实现中国梦想的要求。

学校开展形式多样的文化艺术活动，能够使广大青少年达到开阔视野、陶冶情操、增长才智、提高素质、沟通人际、适应社会以及改善知识结构和掌握实用技能等方面的效果。在这些文化艺术活动中，广大青少年通过接受不同形式、不同内容的有益教育，能够起到潜移默化的作用，这对造就和培养有理想、有道德、有纪律、有文化、适应中国复兴和实现中国梦的新一代人才有着十分重要的作用。

因此，越来越多的学校对于开展丰富的文化艺术活动和营造浓郁的校园文化环境给予了越来越多的投入和努力，学校里的音乐队、合唱团、舞蹈队、书画社、兴趣小组等，简直琳琅满目。因此，校园文化艺术活动的组织策划与指导就显得十分重要了。这就需要坚持先进文化的正确方向，以育人为根本目标，努力发展符合实际需要、并为广大师生喜闻乐见，且具有实效的校园物质文化和精神文化体系，真正营造五彩校园的文化氛围。

为此，根据党和政府有关政策和部门的要求以及国内外最新校园文化艺术的发展方向，特别编撰了《五彩校园文化艺术活动》丛书，不仅包括校园文化艺术活动的组织管理、策划方案等指导性内容，还包括阅读、科普、歌咏、器乐、绘画、书法、美化、舞蹈、文学、口才、曲艺、戏剧、表演、游艺、游戏、智力、收藏、棋艺、牌技、旅游、健身等具体活动项目，还包括节庆、会展、行为、环保、场馆等不同情景的活动开展形式等，具有很强的系统性、娱乐性、指导性和实用性。

本套丛书适当配图，图文并茂，设计精美，格调高雅，不仅是广大学校用于开展丰富文化艺术活动的最佳指导读物，也是大中小学学校领导、教师，在校大中小学学生、研究生、博士生以及有关人员学习的最佳实用读物，还是各级图书馆珍藏的最佳版本。

目录 CONTENTS

NO1. 学校旅游活动组织指导

学校组织学生旅游的意义 ………… 002
学校组织旅游的策划方案 ………… 006
学校旅游活动的具体实施 ………… 009
旅游安全的发展实施策略 ………… 017
学校旅游活动的注意事项 ………… 019
学校旅游活动的安全措施 ………… 025

NO2. 学校旅游交通安全指导

旅游交通的特性与种类 ………… 030
旅游中乘列车的安全防护 ………… 034
旅游中乘汽车的安全防护 ………… 038
旅游中乘船舶的安全防护 ………… 040
旅游中乘飞机的安全防护 ………… 044

N03. 学校旅游活动安全常识

郊游野营活动的安全常识……………………050
旅游登山活动的安全常识……………………053
海边旅游活动的安全常识……………………056
学校春游活动的安全常识……………………066
夏令营活动中的安全常识……………………069
学校秋游活动的安全常识……………………073
遭遇动物伤害的安全防护……………………076

N04. 学校旅游自然灾害的防护

旅游中遭遇狂风时的措施……………………082
旅游中遭遇雷电时的措施……………………085
旅游中遇到水灾时的措施……………………088
旅游中遭遇地震时的措施……………………091
旅游中遇到海啸时的措施……………………096
遭遇泥石流滑坡时的措施……………………100

N05. 学校旅游地点的选择指导

华北地区著名的旅游景点……………………106
华东地区著名的旅游景点……………………118
华中地区著名的旅游景点……………………141
华南地区著名的旅游景点……………………149
西南地区著名的旅游景点……………………157
西北地区著名的旅游景点……………………164
东北地区著名的旅游景点……………………175

N01. 学校旅游活动组织指导

学校组织学生旅游的意义

在旅游过程中寻求乐趣,愉悦身心

潺潺流水、碧波连天、峰谷缠绵、苍木耸天,这些悠然的大自然景色,必然让人心旷神怡和身心舒适。繁华的都市、宜人的海滨、异域的民俗,必然让人有所领悟和有所动容。学校组织学生旅游,让学生用心感受这些真实感性的美,这是许多学生向往的事情,也是学校培养教育的重要形式。

青少年学生们总是精力充沛和活力四射,他们对未知世界充满了好奇与期待,总喜欢三三两两结伴出游,一路游玩,一路欢笑,并在

凝神观照自然万象的过程中，或触景生情，或托情于物，忘情于山水之中。

"久在樊笼里，复得返自然"的乐趣能够让学生们兴奋不已，那些旅游前的所有烦恼大多都会在此时被抛诸脑后了。学生们能够摆脱世俗的羁绊，获得心灵的自由，仿佛一切烦恼忧愁都会远离他们，这便是旅游的神奇功效。

同学间的友谊也会在旅游过程中进一步得到巩固，同学们一起去旅游，一起背着小行李出门，在旅游过程中互相照顾和谈笑风生，这些美好回忆，当人生再回首时，每一次旅游经历都会在他们记忆里闪闪发亮，也会为他们美好人生留下精彩的一页。

同学们在旅游过程中，往往会留下一篇篇游记，或写景、或抒情，或许并不专业，却代表了学生们真挚的心声，点点滴滴表露于文字间。当他们后来再次阅读时，嘴角都会不自觉地露出浅浅微笑，那一点一滴的快乐便会在脑中激荡。这也许就是旅游的魅力之一吧！在旅游过程中寻求乐趣和愉悦身心，并给人生留下美好的回忆。

陶冶情操、追求美的享受

对美的追求是人类永恒的追求，在旅游过程中，学生们可以在自然山水之间体验美和感悟美，在自然中寻找与山水共同频率的呼吸，感受大自然无穷无尽的魅力。

学生们在旅游过程中，可以倾听历史回音，在人文古迹中领悟古人的生存意象，可以在传统文化的艺术氛围中，感受人类丰富的精神财富和情感遗留，并陶冶自己的情操。在旅游过程中，学生们可以体会外出观光的艺术美，可以体会不同地方的社会风尚美和物质生活美。在旅游过程中，学生们可以体会到异地风情之美和享受到各种美食。

旅游是个追求美和享受美的过程，在这些美的体验中，必然有所收获和有所领悟。面对长江、黄河、泰山等自然风景时,想必许多学生都会心生感叹,通过旅游活动,课本上描述的景象便真实展现在他们眼前了,此时他们的心中就会产生许多自豪感,就会为我们伟大的祖国而骄傲。同时,那些壮观的景象也能激起学生们对祖国壮丽山河的热爱,对生活和对自然的热爱和尊崇,进而增强对生态美的保护意识,这便是伦理道德美的升华。

对于书画等艺术作品的展示、观赏和体验,可以使学生慢慢掌握美的精髓,提高审美鉴赏力。对历史名人痕迹的观赏及了解,有助于激发民族自豪感,有助于振奋民族精神,使学生的情感得到陶冶。

旅游审美是人们精神生活的一部分,是高雅文明的精神需要。青少年学生应当在旅游过程中学会审美,同时提高自己的审美能力,明白怎样的审美方式才是正确或者合适的,哪些是错误的或者不合适的。

在旅游的过程中,青少年学生建立起比较高的审美标准和审美理想,慢慢培养自己的审美涵养,这也是旅游的重要意义所在。学会审美,这将对学生将来的生活起到积极的作用。

丰富生活内涵,开拓眼界

在旅游过程中,学生可以开拓眼界和增长见识。旅游能够让学生亲身体验我国的壮丽山河以及博大精深的文化,能够对国内外具有更深入地了解。

诚然,青少年学生在课本上所学到的知识并不少,但是当亲身去体会时,就别有一番滋味在心头了,也就能使学生对我们所处的国家和所处的地域认识得更加透彻,或者能够体会到都市的繁华,或者能够体会到异国风情,这一切都是在课本上所无法学到的。或许"百闻不如一见"说的便是如此吧!这些人生经历便将大大丰富他们的生活内涵。

同时，旅游也能在很大程度上促进同学们的文化交流，他们在旅游过程中了解当地的人文风情主民族习俗，在和当地居民的沟通了解中，能够感受到各个区域的文化差异，并会与自己所处之地的文化进行比较。

如此一来，学生们便可以明确知道哪些文化是有价值的，哪些是适用的，哪些是可以妥协的，哪些是要坚决抵制的，就能够取其精华和去其糟粕。这就能使青少年学生将来对家乡和对祖国的建设具有正确的认识。

同时，一些良好的社会风气，比如那些助人为乐、尊老爱幼、拾金不昧、真诚相待的社会风尚和道德情操必然能够得到传播，这些往往会触发同学们的良知，改善他们的人际关系，创造同学们的和睦气氛，这对受过教育且将作为祖国下一代建设者的学生来说，更容易受到影响。无疑，这对我们青少年学生来说也是一笔丰厚的精神财富。

学生们在旅游前，应当树立正确的旅游价值观。正确的文明价值观是文明旅游的前提，是旅游可持续发展的需要，是学生们价值观体系的一个重要组成部分。因此，学生们旅游的意义，也是旅游价值观的重要组成部分。同学们明确了这一意义，将会使他们的旅游及人生更加精彩。

学校组织旅游的策划方案

通过旅游活动,让学生亲密接触自然,欣赏美景,拓展视野,能够进一步锻炼他们的自理能力和团结协作意识。因此,要制定旅游组织的相关方案。

旅游相关规定

1、参加人员

各班级学生及班主任、任课教师。

2、出游地点

XXXXX

3、出游时间

XX年XX月XX日

4、活动内容

参观、野炊。

5、活动目标

通过旅游活动,让学生亲密接触大自然,欣赏大自然的美景,拓展学生的视野,进一步感受大自然的美景。锻炼学生的自理能力,培养学生团结协作意识。

教育学生爱护公物，保护环境和绿化，严禁学生攀摘花草树木，乱丢垃圾，每生自带保洁袋，返回时清理好环境卫生。为强化旅游活动安全管理，增强带队老师、活动学生的安全意识，确保师生的人身安全和活动的顺利进行，在活动过程中，应急措施必须落到实处，以利于及时应变。

旅游活动过程

参观景区。

同学们准备野炊物品。

烧烤野炊食物，品尝食物。

整理垃圾。

返程。

旅游具体事宜

活动详细安排见下具体计划。

1、活动时间

XXX年XX月XX日上午8:00—下午：3:00　　2、活动人数

七年级学生270人、教师约12人共282人 53人

3、乘车数量

大车56人每辆，约五辆。

4、活动内容

同学们野炊：红薯每人一个。

各班组织参观。

景区留影。

5、活动负责

安保组：XXX XXX

协助人员：保安2名、校医1名、司机、科任教师

学校出具交通工具总负责人：XXX

6、野炊备用材料

适量的红薯约300斤。

木炭各班10斤；酒精一瓶，火机一个。

学生自带少量自己喜欢的零食。

学生自带水一瓶。

7、安全负责

班主任、本班没有课的科任老师，同时安排学生乘车座位。

对学生进行安全教育。

校医带备用药品随行。

8、费用

学生每人自备40元，其他费用学校适量补贴。

9、摄影负责人

XXX

10、后勤准备材料

适量的红薯约300斤。

木炭各班10斤；酒精一瓶；火机一个。

纯净水6桶。

餐巾纸部分。

报纸若干。

小刀1把。

大垃圾袋。

学校旅游活动的具体实施

随着我国经济的快速发展以及教育规模的不断扩大,学生正逐渐成为旅游市场的庞大消费群体。从有关最新评选结果来看,学生旅游的规模正在不断扩大,学生对个性化旅游的需求正在不断增加,同时学生群体在性价比、时尚性、交通便利等方面的要求也比较高。

怎样组织学生旅游

学校旅游可以自己组织,也可以找合适的旅行社来组织。一般情况下,先在班级里面开个会,会议讨论一下大家想不想组织一次班级旅游活动,大家大部分人能够承担的费用是多少,大部分想去哪里旅游,想玩多少天。

假如最后统计出来的人数比较少，只有10几个人，而且行程比较短，只是一天游，并且只是在郊区附近逛逛，这种活动比较简单，自己组织就可以了，不需要联系旅行社。自己组织旅游，首先要考虑租车的问题，找一两家信誉比较好的旅游车队来租一台中巴车，签订合同，找好旅游景点的行车线路，找好附近吃饭的餐馆，然后包车接送过去玩。

假如最后统计出来的人数比较多，有20人以上，然后行程也不简单，两天游或者三天游，需要走数个景点行程的，这种复杂的行程确实比较赞成寻找专业的旅游公司或旅行社来操作，源于旅行社的操作是比较专业的，订房、订车、订餐、订票、安排导游、购买保险，对于他们来说是再熟悉不过的事，可以减少旅游组织者的很多烦恼。而且旅行社在酒店、餐厅、门票、车费方面拿到的价格比较有优势，甚至比自己用学生证去购买的价格更有优势。最重要的是在安全方面比较有保障，一来出意外的情况比较少，二来即使出了情况，也很快会旅行社的人来解决问题。

组织旅游几大误区

1、越近的城市越好

有些同学怕出门太远父母担心，有些同学则认为去近的地方，越容易坐车前往，没有那么麻烦。但是对于现代学生来说，附近的城市，一般情况下是很多同学都去过的，对大部分同学来说基本没有吸引力，因此调动大家参与的积极性也就不够高，去的人可能会比较少！

2、越远的城市越好

较远的城市，一般坐车的时间越长，会很累，而且旅游的费用越高。市场调查和实践证明，大多数学生的消费能力要让广大能够接受，如果班级体大部分同学的家庭条件都不算很富裕，那么不要选择太远、费用太贵的城市线路，一般相邻城市或者相邻省份的旅游城市比较适合。如果非要去，可以几个要好的同学和朋友组织小团体去，有钱的可以坐飞机往返，钱不多的，火车上熬夜打牌过去也可以。

3、最热门的城市最好

最热门的城市一般是大家都一致想去的地方，但是这样的地方往往人最多，堵车、排队、拥挤的现象会很频繁，因此一定要避开旅游高峰期去，例如黄金周和节假日。然后最热门的城市一般会有不少同学去过一两次的，所以要考虑是否大部分人都想去，且最好能够说服去过的人还再去一次。去哪儿不重要，重要的是跟班集体最后一次旅行纪念。

4、大家都没有去过的城市最好

如果要选大家都没有去过的城市，需要考虑这个城市是不是离得特别得远，是坐车去还是动车还是飞机，费用有多高，是不是大家的接受范围。还有另外一种情况就是，这个没有人去过的城市是不是很冷门，没有什么好玩的，大家都没有兴趣，那就不好了。

5、选择黄金周或者大型节假日的时候去

出游时间选在黄金周或者大型节假日去是会导致很多麻烦，一来这些时间是旅游最旺的时期，房价和车费都飞涨，特别是酒店房价有些甚至翻两倍的价格，因此旅行社的包团费用也就随之提高了很多。二来这种时候景区里面到处人山人海的，比较拥挤，路上又比较容易堵车，所以建议学校组织旅游时候最好不要选择这种节假日出发去旅游。如果是没有其他时间可以选择，只能够那时候去的话，那也没有办法。只是要提前两周订房订车，免费临时安排没有房没有车，还有出发当天应该尽量早点出发，免得半路堵车得厉害。

6、选择暑假的时候去旅游

暑假的时间长，大家都最有空去旅游。但是暑假是旅游的大旺季，特别是海边的城市，到了暑假7、8月份，海边的房价都是平日的3倍以上的，门票也比淡季的价格贵很多，而且夏天烈日炎炎，比较容易中暑。所以暑假去组织班级旅游，不是一个最好的时机。

7、比较旅行社的线路，只比较价格，越低的越好

在校学生都是喜欢节省的，选择旅行社线路可能会只比较价格，越便宜越好。但实际上旅游是一件很复杂的事，其中包含吃住行游乐购那么多环节，每个环节都有不同的质量标准，如果只是单一比较线路的最后报价，而不考虑服务质量和旅行社口碑的话，就很可能会贪小便宜吃大亏。

所以到最后过来人会总结，其实旅游的费用都出得起，价格多加一部分都是小问题，但是质量一定要有保证，旅游玩得开心才是最重要！若贪小便宜而导致旅途玩得不开心，大家都会花得很冤枉。

8、选择旅游公司，名气大的就好

通常我们会以为选择旅游公司，口碑很重要，也就是名气越大越好。所以拼命去找一些最大型的旅游公司，殊不知每家旅行社都有自己的客户群体，这些都是一些定位于高端消费人群的旅行社，所以最后给到客人报价会很贵，行程也不大适合学生口味，最后浪费了很多时间也找不到合适的线路和价格。所以不是名气大的旅游公司就好。选择专注做学生市场的旅游公司，口碑实力都不错的旅游公司，是值得我们推荐的。

9、选择旅游套餐，越豪华的越好

选择旅游套餐，如果大家预算费用充足，豪华当然没有问题。只是如果多数人都是一般家庭，旅游还是节省为主。例如住宿的标准，不需要三星四星级的，其实只要经济型酒店或宾馆或者农家院就行，只要里面干净又安全就行。有时候房费太贵，可以两个人拼睡一张床也是可以的。用餐方面，在家吃好吃饱，在旅游城市消费都比较高，

吃饭就别要求太贵了，饭一般能够吃饱就行，有点肉吃，不会太难吃，学生都应该学会适应。

10、要去包团旅游，越晚报团越好

全班人既然已经定下来要去包团旅游，就应该尽快安排好事情。虽然说越迟找旅行社报团，越多时间充分考虑和比较，但是也有其他的问题，那就是越迟报团，风险越大。比如景区附件的好房间可能早早就被其他公司给定完了，旅游车辆可能剩下几辆比较破旧的车可以租，甚至无车可租，还有可能因为旅游供不应求，酒店和车队临时抬高车价和房价，让客人来承担费用，特别是旅游旺季。

学校组织旅游，应选择刚开学的前后，或者准备放假或者毕业之前，大家最闲，也是都在学校的时候去旅游，那样班里的人最齐全，玩得也最尽兴。据学程旅游网过去五年的出团数据统计分析，参加旅游的班级一般是选择3到6月，9到11月去旅游，其中5、6月和10月三个月是旅游最高峰，这个时候的季节也是最舒适的时候！

整个旅游活动的开支

1、交通费

交通费指的是，来回接送的车费、火车、或飞机、轮船的费用，包含手续费在内。准确的车费其中应该包含租车费、油费、过路过桥费、停车费、司机吃住和工资。

2、景点门票

景点门票就是指行程中包含的景点的首道大门票，一般不含园中园门票以及园内个人的消费。

3、住宿费

住宿费指的是行程中注明的几晚几星酒店住宿，都是安排标准双床房，也有一些大床房，有些酒店还有标准三床房，可以应对安排房间最后还多一个人的情况。

4、用餐费

包括正餐和早餐,正餐就是指午餐或晚餐这种比较正式的餐。旅行社包的餐一般都是安排在当地大餐馆吃,十个人一围桌,一般有八个菜一个汤。可以加饭。早餐有些是酒店提供的,有些则没有,但是通常在酒店附近吃早点也是挺方便的。

5、导游费

导游一般是按照天来结算工资,导游可以请,也可以不请。但是如果距离比较远、地方不熟悉、行程景点多的情况下,最好要安排导游。因为导游才能拿到旅行社折扣门票价,只有导游才比较熟悉景区,出了问题也是比较容易处理。旅行社一般是请当地的专业导游带队,当地导游对当地比较熟悉。没有导游,就比较容易出现迷路,门票无打折,或者缺少安全警告的左右。

6、保险费

保险费是按天计算的,×××元保额×××万元赔付额,×××元保×××万元赔付额。

7、其他杂费

如买矿泉水、晕车药、垃圾袋、纸巾、电话费。如果自己租的车的话，还有需要考虑给司机安排住宿和吃饭的问题。如果需要请一名全程陪同人员的话，还需要给他发工资，一般报团人数比较多，路途又比较遥远的时候，需要请一名全程陪同人员。

学校旅游一般报团流程

1、召开班委会

班委召开会议，先讨论出几个可行的旅游城市方案，预算范围，去哪里旅游。可以参考一些专注做学生旅游的旅行社的线路，例如学程旅游网，一来价格比较便宜和实惠，二来服务也比较好，没有购物点，没有强制性消费，行程还能够个性化定制。

2、组织班会投票

在下课的时候或者放学的时候，组织班会，让全班同学进行投票，选择一个城市。然后定下大概出发日期、游玩天数、大致预算、线路要求。任何一条线路都不会全部人都赞同，这时候只能遵从"少数服从多数"的原则。热门的线路毕竟最多人想去的，也必定会有部分人已经去过，但是其实校园旅游去哪里并不是最重要的，跟班里的人一起去才开心，旅游的纪念意义才是最重要的。

3、设计方案

找一家专注做学生旅游的知名旅行社咨询线路，按照班会上的实际要求来设计两三几套旅游方案供大家参考。

4、敲定线路

拿到旅游方案后再次在班里或者群里跟大家一起讨论，初步敲定最佳的一条线路方案。

5、修改事项

如有需要跟旅行社再次沟通，还可再按照自己班需要的条件修改一下要素，确定路线和报价。

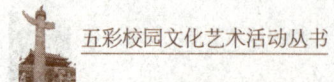

6、提前签约

确定下来出发日期和行程线路，合理估计大概人数，提前跟旅行社约定时间签约，交一点订金一般情况整个班只要先交×××元即可，剩余大部分的团费是在发团当天上车以后交给导游。给旅行社一点时间安排各个环节的工作，一般提前一周以上签约报名。

7、提前收取费用

尽早向同学们收取旅游费用，可以班长或者班委自己保管好，旅游当天再交给旅行社。一方面方便旅行社操作，用于给付酒店、车队、门票、导游等等的费用，一方面也方便自己班委的组织工作。

8、收集保险资料

收集同学们保险资料如姓名、性别、身份证号等，提前三天以上交给旅行社买保险。出发前一天，获取旅行社通知的导游、司机的手机联系方式和车牌号码，有的团还有全陪，然后转告同学们。

同时顺便提醒同学们都带上学生证或校园卡，有些景点门票需要用来打折。还有些宾馆不提供一次性洗漱用品，所以要顺便带上自己的毛巾和洗刷用品。

9、注意安全

带队老师要提醒同学们要注意安全，不要掉队，保持手机时刻可以通话，带上防暑晕车等常备药物。

10、与导游保持沟通

出发当天把除去订金以外剩余的团费交给导游或者陪同人员。车上跟司机、导游、陪同人员或者旅行社负责人保持良好的沟通，遇到不顺利的问题可以直接向导游反馈，导游不能解决的，直接向全陪或者旅行社负责人反映，可以马上得到解决。

旅游安全的发展实施策略

旅游安全的现状

安全是旅游业发展的基础,它不仅是旅游活动顺利发展的保障,也是旅游业发展的前提。旅游业是个综合性的产业,它涉及到很多社会部门和行业,旅游活动又包含了食、住、行、游、购、娱六大方面,涉及到社会生活的方方面面,可以说现代旅游业由于各种社会的和自然的因素影响,潜在着许多危险和不安全因素,旅游行业和旅游活动的各个环节中都可能存在着潜在的旅游风险。

旅游安全问题产生后,会通过各种媒介影响到潜在旅游者,影响潜在旅游者对目的地决策行为。我们也可以看出,旅游风险可能是来自旅游目的地的自然环境或社会环境,也可能来自旅游者自身和旅游组织者等各个方面。因此,解决旅游安全问题,加强旅游安全研究,不仅是旅游活动质量的重要保证,也是旅游业做到可持续发展的重要因素。

旅游安全问题的对策

1、完善旅游安全法规

旅游安全法规是从法律上保障旅游安全,为旅游活动过程中出现的各种安全问题的解决提供法律依据,依靠其权威性和强制性来规范和约束旅游从业人员的行为,增强旅游从业人员的安全意志和防控意志,提高旅游者的旅游安全防范意志,约束旅游者在旅游活动过程中的各种不当行为。

2、建立旅游安全预警系统

旅游安全不仅仅考虑与人们生命财产直接相关的安全问题,还应涵盖旅游资源安全、旅游环境安全等内容,准确、及时的预警信息能有效减少国家经济损失,确保人们生命财产安全,从某种意义上说对危险事故的预警也是一种安全。

3、建立旅游急救系统

我国现有的旅游安全急救系统还不成体系,相互之间的协调合作程度比较低,这使得急救工作的效率不高。旅游急救系统一般包括救援指挥中心、安全救援机构、安全救援的直接外围机构、安全救援的间接外围机构。

学校旅游活动的注意事项

为了增强学生旅游者的安全意识，普及旅游安全基本常识，使同学们参加旅游活动的计划能够圆满、愉快、顺利地完成，同学们一定要认真阅读有关旅游安全须知并切实遵守。

临行前的注意事项

学生旅游者在临行前应考虑自身身体状况，必要时旅行前要征得医生同意，方可动身。如有体质较弱或者曾患病的同学必须坚持治疗，防止旧病复发。

临行前，同学们应根据自己的身体状况随身携带一些必备的药品及常用药品如感冒药、止泻药、晕车药等，根据天气变化准备衣物及雨具。为了防止火灾事故的发生，请勿携带易燃、易爆物品。

到野生动物保护区游览，同学们应尽量穿中性颜色衣服，如棕色、米色或土黄色；白色和其他鲜艳的眼神会令动物不安。同时，为防止丛林中的蚊虫叮咬，请尽量穿长袖衣裤。有些项目需穿长裤才适合，女同学在带裙子的同时，不要忘记带轻便的鞋子和长袖衣裤。

现在很多酒店属于绿色环保酒店，不提供洗漱用品，同学们要自备好洗漱用品。同学们在旅行前要安排好自己家中相应事宜，把旅游线路、旅行社紧急联系人等信息告诉自己家人，同时，也可将自己家人的紧急联系方式告知旅行社。

乘坐交通工具注意事项

黄金周或者其他旅游旺季期间，由于国内、国际航班中加班机、包机的数量大增，极易引起航班的延误，如遇此种情况，请同学们在候机厅耐心等待，密切注意航班的信息，不要到处乱跑，以免误机。同时，航空公司因运力等因素有可能临时调整航班，如有此情况发生，应找到导游并要求其对旅游行程作出相应调整。

同学们乘坐的交通工具包括飞机、汽车、火车、轮船、地铁及景区内的游览索道、观光车、游艇等，在行驶的途中，若遇到交通事故发生时，应听从导游的安排及指挥，不要慌张；发生人员伤害时，应尽力施救或自救，同时注意保护现场，避免损失扩大。

同学们乘坐交通工具时，应系好安全带，在交通工具停稳后方可离开；上下交通工具时，须排队等候，讲究文明礼貌，切勿拥挤，以免发生意外。

同学们乘坐交通工具时，请不要与司机交谈和催促司机开快车，不要将头、手、脚或者行李物品伸出窗外，以防意外发生；不要向车窗外扔废弃物品,特别是硬质物品,以免伤害他人。

同学们下车游览、就餐、购物时,要注意关好旅游车窗并随身携带贵重物品,以防贵重物品遗失被盗,照成不必要的麻烦。

同学们乘坐飞机时,应随身携带有效身份证年满16周岁未办理身份证的旅游者须持派出所证明原件。搭乘快艇、漂流木筏、参加水上活动时,同学们要按规定穿着救生衣,并遵照工作人员的指导。乘坐快艇游玩时,要抓紧扶手,以免发生不测。

旅游住宿的注意事项

抵达酒店后,同学们要听从导游安排;酒店住宿以两人一室、自由组合为原则,如出现单男单女,学校相关人员要负责调换房间。如果需要特别指定单人房间,就要在出行前支付单人房差额并取得旅行公司的确认,以免出行造成不必要的麻烦。

同学们入住酒店后,要了解酒店安全须知,熟悉酒店的太平门、安全出路、安全楼梯的位置及安全转移的路线。要保管好房卡或钥匙,检查房间内设施如卫浴设备、遥控器、烟缸、毛巾浴巾等有没有损坏、缺少、污染。如发现有损坏、缺少、污染及时告知酒店,以免退房时发生不必要的麻烦。

使用酒店物品时,同学们先要看清是否免费使用。退房时自行结清房间提供的饮料、食品、洗涤和长途电话费用。沐浴时地面、浴缸容易打滑,一定要把防滑垫放好以防滑倒摔伤。

不要将自己住宿的酒店、房号随便告诉陌生人,不要让陌生人或者自称酒店的维修人员随便进入客房,出入客房要锁好房门,睡觉前注意房门窗是否关好,保险锁是否锁上;贵重物品请放置酒店保险箱,注意保管好收据;如随身携带,请注意保管,若出现被盗后果自负。

同学们在入住酒店后需要外出时,应告知导游并记下他们的手机号码，外出前到酒店总台领一张饭店房卡，这样在迷路时，就可以按房卡提示的电话、地址安全顺利返回酒店。

饮食卫生的注意事项

外出旅游，要注意身体健康，切勿吃生食、生海鲜、未剥皮的水果，不可光顾路边无牌照摊档，忌暴饮暴食，应多喝开水，多吃蔬菜水果，少抽烟，少喝酒。

在旅游目的地购买食物需注意商品质量，不要购买"三无"即无生产厂家、生产日期、厂家地址的商品，发现食物不卫生或者存在异味变质的情况，切勿食用。

为防止旅途中水土不服，同学们应自备一些常用药品以备不时之需，切勿随意服用他人提供的药品。

如对饮食有特殊要求，请在报名时告知旅行社并提前与导游说明，以便导游更好的给您安排饮食。

景区游玩注意事项

抵达景区后，请谨记集合地点、时间、所乘游览的巴士车牌号。听取当地导游有关安全提示和忠告，应预防意外事故和突发性疾病的发生。

经过危险地段如陡峭、狭窄、潮湿泛滑的道路等，不可拥挤，前往险峻景点观光时应充分考虑自身的条件是否可行，不要强求和存侥幸心理；参与登山等活动时，应注意适当休息，避免过度激烈运动，同时做好防护工作。

在水上如江河、湖海、水库等地游览或者活动时，旅游者须注意乘船安全，应穿戴救生衣，不可单独前往深水水域或者危险河道；选择水下游泳时，应携救生设备助游。

海拔3000公尺以上的高原地带，气压低，空气含氧量少，易导致人体缺氧，引起高原不良反应，请旅游者避免剧烈运动和情绪兴奋，洗澡水不易过热，学会正确呼吸方法。

泡温泉时，旅游者应注意水温和矿物质含量是否适合自己的身体，有些疾病不宜泡温泉，请遵医嘱。乘坐缆车或者其他观光运载工具时，同学们要服从景区工作人员安排，遇超载、超员或者其他异常情况时，千万不要乘坐，以防发生危险。

高风险娱乐项目，如雪上摩托、骑马、草地摩托、快艇、漂流、攀岩等，请同学们根据自身情况选择参加，仔细阅读景区提示，在景区指定区域内开展活动，注意人身安全。身体不适时不要参加高风险娱乐项目。

在景区参观游览时，要听从导游的安排，不要擅自离队，如果迷失方向，原则上应原地等候导游的到来或者打电话求救、求助，千万不要着急。

在自行安排活动期间，应注意人身安全，谨记导游提醒的各种注意事项以及景区的各种公告和警示牌；在拍摄照片时，旅游者不要专

注于眼前的美景,而忽略了身边或者脚下的危险。

请自觉维护景区卫生,不乱扔废弃物品,不要投食喂动物,不往河道湖泊里扔垃圾。

到少数民族地区旅游,请注意民族禁忌,尊重当地民俗及法律法规。

购物中的注意事项

请勿轻信流动推销人员的商品推荐。由于小摊位物品真伪及质量难以保障,尽量不要在小摊位购买物品。如必须购买,请看好再与商家讨价。无意购买时,请勿向商家问价或者还价,以免发生争执。

购物时,请注意商品质量及价格,应细心鉴别商品真伪并向商家索取正式发票,如商品无质量问题,只是价格偏高,旅行社只能协调处理,不能负责退换,敬请注意。

不要随商品推销人员到偏僻地方购物或者取物,在热闹拥挤的场所购物或者娱乐时,同学们要注意保管好自己的钱包、提包、贵重物品及证件。不是旅行社指定的购物点,同学们的消费是属于个人行为的,如果产生了纠纷,是需要自己承担责任的。

学校旅游活动的安全措施

旅游活动的安全制度

为加强班级集体旅游活动的管理,杜绝安全事故发生,确保师生人身安全,特制定本制度。

1、树立安全思想

各系部要牢固树立"安全第一"思想,切实重视和加强对班级集体旅游活动的管理。班级集体旅游活动须经主管学生工作的系领导同意,并由班主任具体组织。活动组织负责人要先期"踩点",如发现

有不安全因素，须另选地点。原则上不得组织跨省旅游。严禁组织学生到未开发的区域进行旅游活动。

2、做好安全预案

严格报告制度，认真做好安全预案，确保万无一失。各班级组织师生集体出游一定要出具详细的活动方案，并做好安全预案，预案要细化，明确安全责任并落实到人。报送审批程序如下：先由班主任签字，然后由主管学生工作的系领导签字，再报学工处批准，最后报保卫处批准并备案。

3、加强纪律管理

严肃纪律，严密组织，防止意外事故的发生。各系部要加强对旅游的组织管理，组织旅游前要对本单位人员进行交通安全、饮食卫生、防溺水和自我保护等方面教育，教育师生遵守纪律、讲究公德、听从指挥。

各班级组织旅游活动务必严格按活动方案和安全预案执行，对擅自组织学生集体旅游而不报告的班级，予以通报批评，并取消本年度该班级及班主任评优评奖资格；对因措施不力发生安全责任事故的班级，将追究责任人的相应责任。

旅游活动的细节注意

1、出发前

一定要带上身份证、学生证等相关证件，入住需要登记，如无身份证无法办理入住手续。

带齐个人必备物品，比如双肩背包、拖鞋、水、晕车丸、防叮咬用品、个人药品、手机充值、充电器、相机、电池、替换衣裤、遮阳帽、雨伞、防晒霜、备用鞋、墨镜、厚点外套或毛毯、洗刷用品如毛巾、牙膏、牙刷、袋装洗发水、沐浴露。

准备零食水果等，防止饮食不习惯；带瓶水去，可预防水土不服，且景区饮料较贵。

请注意准备一些个人用的常用药品，以备不时之需，如晕车药，保剂丸，整肠丸等。

晚上行车车内温度较冷，请注意着装，预防感冒。

2、旅程中

在旅游过程中，听从当地导游和全陪的安排，遵守时间，以便顺利完成整个过程。

在旅途中，同学们要和导游司机和睦相处，互相尊重，以免发生误解，杜绝不愉快的事情发生。

户外游玩时，紫外线照射较强，注意防晒，带好防晒用品；

出游时尽量穿运动鞋、平底鞋最好不要穿新皮鞋，高跟鞋，硬底鞋。

竹筏、漂流、骑自行车等注意安全;请不要自行参加行程以外的具有一定危险的活动。

旅游摄影时，请注意安全，不要到有危险的地区拍摄或攀爬。

注意饮食，以免吃坏肚子。

旅途中请提高安全防范意识，保护自己财产及人生安全。睡觉时，请锁好门窗；外出时，贵重物品请随身携带。

在旅游期间如因个人原因自行离团，其未产生的所有费用概不退还，所以尽量不要自行离团，离团至少要两个人在一起，并且一定要告诉班长或安全负责人，手机话费要充足。

旅途中需提防各种消费陷阱，如：烧高价香、抱新娘等等，请谨慎购物，避免购买到高价、伪劣假冒等产品。在旅游时，要注意环境保护、尊重当地少数民族的风俗习惯。

NO2. 学校旅游交通安全指导

旅游交通的特性与种类

　　旅游交通是指为旅游者由客源地到目的地的往返,以及在旅游目的地各处活动而提供的交通设施和服务的总和。

　　旅游与交通的关系密不可分,交通为旅游的发展提供了必要的条件,旅游对交通的发展也起到了相当大得促进作用。现代旅游的快速发展在很大程度上是依赖现代交通的结果。旅游交通在整个国民经济交通运输业中,既有其特殊性,又具有相对的独立性。旅游交通层次分明,从其送游客的空间尺度及人们的旅游过程来看,可以分为三个

层次。

指从旅游客源地到目的地所依托的中心城市之间的交通方式和等级，其空间尺度跨国或跨省，交通方式主要有：航空、铁路和高速公路。比如外国人或外省人要来大理旅游所选择航空、铁路或高速公路的方式。

涉及中小尺度的空间，指从旅游中心城市到旅游景点之间的交通方式和等级，交通方式主要有：铁路、公路和水路交通。例如，旅游者要从大理到南诏风情岛旅游，选择了水路，借助游轮这个旅游交通工具，从而实现了游览的目的。

景区的内部交通，主要有徒步或特种旅游交通，如索道、游船、畜力，畜力即骑马、骑骆驼、滑竿等。旅游者游览苍山既可以选择徒步，又可以选择乘坐索道的不同方式。而游览宾川鸡足山在某些路段旅游者可以选择骑马等。

旅游交通的特性

1、游览性

游览性，顾名思义，就是旅游交通的线路设计和交通的设施上都必须具有游览性，这也是旅游交通区别于普通交通最明显的特征。其从三个方面表现出来。首先在旅游交通线路的设计上，尽量做到是游客"旅短游长"、旅速游慢，使一次旅游能达尽量多的旅游景点。

其次在旅游交通设施上，提供安全、舒适的设施设备，以便游客在乘坐旅游交通工时观赏沿途风光，从而增加游客的满意度，增加旅游产品的附加值。

最后就是旅游交通工具的特色与新颖会对旅游者构成极大的吸引力。

2、舒适性

旅游交通较一般的交通更注重提高人们乘坐的舒适性，特别体现在一些国际的旅游专列和巨型远洋邮船的豪华设施设备上。

3、季节性

旅游活动受季节、天气及人们闲暇时间的影响，表现出很强的季节性，比如淡旺季。旅游交通也反映了季节性，比如节假日旅游交通的客源量会出现较大的波动。因此，采取季节差价是保持旅游交通客运量相对稳定的措施之一。

旅游交通的种类

1、铁路旅游交通

铁路旅游交通是以铁道为交通线，旅客列车为交通工具的现代化交通运输方式。火车是近代旅游发端的主要运输工具。铁路交通的优势在于客源量大、费用低、速度快、安全舒适、准时、受季节、气候等自然条件的制约性小。

劣势在于工程造价高、修筑工期长、受地区经济和地理条件限制、灵活性差。旅游专列是近年来我国出现的一种新的大众化旅游方式。它有中长途，也有短途，它具有"有流就开，无流停运"、灵活性高、比较方便，服务水平相对较高的特点。

2、航空旅游交通

航空旅游交通的优势有快捷，舒适，安全，灵活，航空旅游交通能够满足旅游者"惜时如金"的心理需求。劣势在于票价高、购置费用高、受天气条件的限制等。

航空旅游交通方式在现代旅游业特别是长距离的国际国内旅游中处于绝对垄断地位，随着商务旅游度假旅游的兴起，对民航的要求越来越高，旅游包机也应运而生。

3、公路旅游交通

公路是旅游的一种重要的旅游交通工具，是最常用的，大多数旅游者出行都选用汽车。在一些经济发达地区汽车已成为个人或家庭拥有的普通交通工具，旅游者可完全按照自己的需求，自由选择出游时间和游览线路，这就形成了自驾游。

近几年来，旅游的定位逐渐从观光旅游向休闲旅游过渡进而转变，旅游游客多采用自驾游的方式来游玩，因此，对我国的公路旅游交通的要求要逐渐提高。

4、水路旅游交通

水路旅游交通在大理几乎只是用于连接旅游中心城市到旅游景点之间的交通纽带。一些城市优越的自然资源和人文资源为我国水路旅游交通奠定了重要的基础。

5、特种旅游交通

特种旅游交通包括索道、缆车、游船、轿子、滑竿、马、牦牛、骆驼、竹筏、电瓶车等交通方式，多用于风景区内，具有浓郁的地方特色。

其优点是便于游客通过一些难行路段，有些还带有娱乐、参与、观赏性质，在风景区内的交通占有一定地位，可以招来游客，提高旅游价值。在游览一些特殊的旅游景点中，有些运用了索道、缆车、有些则是利用马，如大理古城和崇圣寺三塔都利用电瓶车的方式实现了游览的目的。

旅游中乘列车的安全防护

在国内旅游，火车是不错的出行方式，不仅价格适中，沿途还能欣赏到一路的山乡风景。不过，火车上环境逼仄，人流较多，如果想乘坐得舒适，精神抖擞地抵达旅游目的地，则需要提前做些准备工作，开创舒适的火车之旅。

乘车前的注意事项

1、免费携带

一名成年人可免费携带物品20公斤，未成年人可携带10公斤。携

带品的长度和体积要适于放在行李架上或座位下边，打包时要有先见之明。

2、行李托运

行李托运必须到车站行李房去，不要轻信在广场上主动要求帮人托运行李的闲散人员。当然不能冒险在行李中夹带贵重物品。每件行李最大重量为50公斤。

乘车中注意事项

1、谨防烫伤

常见的有两种情况：一是用茶缸去打开水，在列车运行时，端着开水在人行道上行走，会因突然停车或被人碰挤而烫伤自己或别人；二是将盛满开水的茶缸放在茶桌上，遇到紧急停车时，茶缸晃倒或掉下茶桌，烫伤旁边的旅客，对此，需要有针对性地加以防范。

2、注意饮食卫生

在火车上吃饭，由于没有运动的条件，食物消化过程延长，不可吃得过饱，应吃容易消化的食物；在沿途站台上购买熟食要辨别新鲜度，以免闹肚子；一路上要注意喝水，尽量小口慢饮，以免破坏体内水盐平衡，夏季感到饥渴时，不妨以绿豆汤、八宝粥之类的浆液代替喝水，尤其是勿贪吃冰淇淋、冰汽水之类的冷饮，否则越吃越渴，还易伤脾胃。

3、适时下车换气

长时间在列车上，空气流通不充分，因此每到一个大站因为停点时间较长，应及时下车在站台上俗称"接地气"，顺便活动筋骨，但要注意听列车的开车铃声。

4、正确乘坐卧铺

夏天睡卧铺，头应该朝人行道的一端。因为人行道的空气比较流通，气温较低，有利于睡眠；也避免一排排的脚丫子暴露在人行道旁边，显得不文明、不礼貌。夜间行车，睡下铺的旅客要适当盖些卧具，不能把头靠车窗一端睡，以防受凉。

空调车晚上通常很冷，一定要带个稍微厚点的外套。车上卖的食物较贵，最好事先准备水和食物。

为了方便欣赏沿途风光，如果不是选择卧铺，最好挑个靠窗的位置。我国目前较为普遍使用的22型和23型客车，分别在车门附近印有YZ22和YZ23的字样。这两种型号的车厢内靠车窗的座位号是不同的。22型车厢靠车窗的座位号的尾数逢4、5、9、0，23型车厢靠车窗的座位号的尾数逢2、3、7、8。

卧铺铺位最好选择靠近车厢中部，车厢两端铺位的灯夜里不关，比较容易影响睡眠，而且来来往往的人也会让你心烦意乱。乘车过程中可以适当做做简单的保健运动，这样下车时体力更充沛，如可转脚丫、拍后背、高耸肩、后甩手等。

5、保管财物

把贵重物品放在随身包包中，把包包背在胸前，等车和上车的时候，尽量把手放在包上面，或把手放在包包的拉链处。有座位的话，把包压在大腿上或抱于胸前，防止割包盗窃。行李要放置在视线之内的地方。

6、备好零钱

在车上买饭或购物时，不要现场清点钱物，要用的钱最好事先备好。随身钞票最好零整分放，减少风险。

7、提高警惕

夜间犯困最好与同学轮流睡觉，小心小偷在你没防备时下手。在列车靠站时，人流量增多，要留心行李，防止有人顺手牵羊。

8、不做危险动作

列车行进中，不要把头、手、胳膊伸出车窗外，以免被沿线的信号设备等刮伤；不要在车门和车厢连接处逗留，那里容易发生夹伤、扭伤、卡伤等事故；不带易燃易爆的危险品如汽油、鞭炮等上车；不向车窗外扔废弃物，以免砸伤铁路边行人和铁路工人，同时也避免造成环境污染。

列车发生事故的自救

列车是远距离出行的最安全的交通工具之一。列车出事前通常没有什么迹象，不过旅客会察觉到一些异常现象如紧急刹车，这时，应充分利用出事前短短几分钟或几秒钟的时间，使自己身体处于较为安全的姿势，采取一些自防自救的措施。

离开门窗或趴下来，抓住牢固的物体，以防碰撞或被抛出车厢。

身体紧靠在牢固的物体上，低下头，下巴紧贴胸前，以防头部受伤。

如座位不靠门窗，则应留在原位，保持不动；接近门窗，就应尽快离开。

火车出轨向前时，不要尝试跳车，否则身体会以全部冲力撞向路轨、还可能发生其他危险，如碰到通电流的路轨、飞脱的零件，或掉到火车蓄电池破裂而出的残液上。

火车停下来后，看清周围环境如何，如果环境允许，则在原地不动等待救援人员到来。此外，不论怎样，要呼救，想法尽快将遇险的信息传递出去。

旅游中乘汽车的安全防护

乘汽车车的安全注意事项

汽车、电车等机动车,是学校组织外出旅游最常用的交通工具,为保证乘坐安全,应注意一些事项。乘坐公共汽车,要排队候车,按先后顺序上车,不要拥挤。上下车均应等车停稳以后,先下后上,不要争抢。

选择车辆时要注意车辆的状况、司机的驾驶技术和精神状态、路况以及气候情况等等。特别是在长途旅行中,车辆情况不可忽视,司

机一定要有充足的休息。在没有安全保障的情况下，宁可停下来修车或是让司机休息，也不要冒险上路。不要把汽油、爆竹等易燃易爆的危险品带入车内。

在乘坐乡间私营的公共汽车时，要特别注意汽车的车况和载客量。由于汽车的严重故障或是严重超载引起的惨祸经常见诸报端，成为不得不高度注意的前车之鉴。遇到这类情况，宁可等下一班车。

车辆高速行驶时，有安全带的一定要系好。遇到特别不好的道路，特别是一些事故多发路段，如下陡坡、急转弯等等，你最好保持清醒，随时观察前方和车外的情况。

乘车发生事故自救

汽车是我们外出旅行最常用的交通工具，但安全问题不可忽视。因此，我们特别需要了解一些关于乘车安全方面的知识。

一旦发生由于车辆机械故障或是路面原因造成的车辆失去控制，要及时判断，果断处理，必要时跳车求生。

当你乘坐的汽车发生车祸时，如果你能提前一瞬间发现险情，就要紧握面前的扶手、椅背，同时两腿微弯，用力向前蹬地。这样会减轻受伤害的程度，使身体不致造成重伤。

在车祸发生得十分突然，来不及做缓冲动作的情况下，坐在前排的人要抱头迅速滑下座位，以防头部由于惯性冲向挡风玻璃。

如果发生正面碰撞，后排的人要迅速抱住头部并缩身成球形，这样可以减少头部、胸部受到的撞击。如果汽车发生翻倒或翻滚，双手要紧紧握住座位，双脚死死抵住车厢。

车辆撞损后往往会起火甚至发生爆炸，因此，要尽快逃离车辆，必要时要用脚、肘甚至裹着衣物的拳头击碎车窗玻璃逃生。

旅游中乘船舶的安全防护

学校组织学生们外出旅行时，会有很多机会乘船，船在水中航行，本身就存在遇到风浪等危险，所以，乘船旅行的安全十分重要。

乘船的安全注意事项

不要搭乘吃水线明显低于水位或乘客拥挤的超载船只，不要乘坐缺乏救护设施、无证经营的小船。

乘船时，不仅自己不夹带危险物品上船，还应主动配合站埠人员做好对危险物品的查堵工作。若发现有人将危险物品带上船只，应督

促其交给管理人员作妥善处理。

不管水性好坏,出发前最好在行囊中预备一个便携式气枕或者充气式救生圈,尤其是组织低年级同学出游,只有有备而来才能心中有数。

登船后第一件事就是留意观察船上备用的救生衣具存放位置,以及救生艇、救生筏存放的位置,要熟悉和了解本船的各通道、出入口处以及通往甲板的最近逃生口,以便在紧急情况下能迅速地离开危险的地方。发现船上出现超载要保持警惕,尤其是船体剧烈颠簸时,要高度戒备,换上轻装,将重要财物随身携带。

下船时,一定要等船靠稳,待工作人员安置好上下船的跳板后再行动;要排队按次序进行,不得拥挤、争抢,以免造成挤伤、落水等事故;上船后要听从管理人员的安排,并根据指示牌寻找自己的座位;不随意攀爬船杆,不跨越船档,以免发生意外落水事故。

客船航行时,不在船头、甲板等地打闹、追逐,以防落水;摄影时,不要紧靠船边,也不要站在甲板边缘向下看波浪,以防晕眩或失足落水;观景时切莫一窝蜂地拥向船的一侧,以防引起船体倾斜,发生意外。

夜间航行,同学们不要用手电筒向水面、岸边乱照,以免引起误会或使驾驶员产生错觉而发生危险。

天气恶劣时,如遇大风、大浪、浓雾等,应尽量避免乘船。船上的许多设备都与保证安全有关,不要乱动,以免影响正常航行。

客舱内严禁违章用火,如发现有影响旅客和船舶安全的情况,应及时向船舶负责人报告。

若在航行途中遇到大雾、大风等恶劣天气临时停泊时,要静心等待,不要让船员冒险开航,以免发生事故。

船行途中一旦发生意外事故,要保持镇静,听从有关人员指挥;

旅客应按工作人员的要求穿好船上配备的救生衣，不要慌张，更不要乱跑，以免影响客船的稳定性和抗风浪能力。

乘船发生事故自救

船舶在江河湖海里航行时，也存在着意外事故的威胁，如碰撞、火灾、爆炸、触礁、搁浅，甚至船舶翻沉等，乘客的安全受到严重的威胁。因此，要掌握一定的自救互救知识。

1、常见事故危险

（1）溺水。如果落入水中，不会游泳而又没有任何救生漂浮工具，在水中就无法保持漂浮。

（2）浸泡和曝晒。人体浸泡在水中，散热比在陆地上快得多，容易造成体热消耗过大，时间久了就会使人处于低温昏迷直至死亡。人体在酷热阳光曝晒下，则容易发生晒伤、衰竭、中暑等。

（3）晕浪。救生者在救生艇、救生筏上晕船会引起过度呕吐，使身体大量失水，出现头晕、虚弱。

2、水上求生有四个原则

（1）搞好自身保护。镇定情绪，寻找救生及漂浮工具，扣好救生衣，找出哨笛。漂浮在水中不要轻易游动，除非是要接近附近的船只或可攀附的漂浮物。在水中采取好的姿势对保存体热很重要，双腿并拢屈到胸部，两肘紧贴身旁，两臂交叉放在救生衣前，并使头部和颈部露出水面，保持清醒，不能入睡，振作精神，坚持时间越长获救机会越大。

（2）沉着冷静设法呼救。要搞清船舶出事的准确位置，并想法呼救。

（3）海上求生时不喝海水。海水含盐量往往比淡水大5%，饮用海水，身体反而失水更快，更感到口渴，严重的会出现腹胀、幻觉、神志昏迷、精神错乱等症状。四是在求生过程中要尽量节省食物，在没有充足淡水供应时，更应注意少进食或尽可能不进食，以免大量消耗体内水分。

（4）弃船逃生。有时不得不跳水游泳离开船，跳水前尽量选择较低的位置；要查看水面，避开水面上的漂浮物；应从船的上风舷跳下，如船左右倾斜时应从船首或船尾跳下；跳水姿势要正确。左手紧握右侧救生衣，夹紧并往下拉，入水后也不要松开，待浮出水面后再放松，右手五指并拢，将鼻口捂紧，双脚并拢，身体保持垂直，头朝上，脚向下跳水；跳入水后尽快游离出事的船。

如果没有救生器材，则应以船身或其他能浮动的物体作为救生器材，死抓不放。如果船只翻沉，不要与人挤作一团，应该分散到船窗或从船内游离船只，然后从容有序地游向岸边，或注意保持体力，等候他人的救援。

跳水时，如果船舶四周的水面上漂浮着燃烧的油火，这时要冷静看清周围情况，在船的上风侧选择适当位置，然后深吸一口气，一手捂鼻口，另一只手遮着眼睛及面部，两脚伸直并拢，侧身垂直向下跳入水中。

入水后要向上风方向潜游。露出水面换气时，应先将手伸出并拨动水面，拨开火苗，头出水后立即向下风作深呼吸再下潜，向上风方向游去，如此反复直至游离着火水面。如果遇到没有燃烧的漂油时，必须将头部高仰出水面，紧闭嘴，防止油进入鼻口，同时还要注意不要让油进入眼内。

旅游中乘飞机的安全防护

学校旅行中有时为了方便、快捷，有时也会选择飞机作为交通工具。但随着航空运输的普及，空难事故也时有发生。特别是由于航空运输的特点，空难往往造成巨大的损失。因此，对于乘坐飞机旅行的人来讲，一定要掌握一些有关的安全知识。

乘飞机的安全注意事项

1、登机前安检

旅客及其随身携带的一切行李物品，必须接受机场安全部门的安

全检查，否则不准登机。这是为了防止枪支、弹药、凶器、易燃、易爆、腐蚀、放射性物品以及其他危害民航安全的危险品被带入机场和机舱，以便维护飞机和乘客的安全。

2、免费行李额

国内航线全票或半票旅客，每人的免费行李额，按第一种票价购票的，一等舱位20公斤，普通舱位15公斤；按第二种票价购票的，一等舱位30公斤，普通舱位20公斤。超过免费限额的行李，应按规定行李运价付费，并在航班有空余吨位时才能与旅客同机运出。

3、携带物品的规定

随身携带的物品一般重量以5公斤为限，超过上述重量或体积的物品，应按规定分别作为行李或货物托运。国际航线旅客每人可免费携带下列手提物品：手提包、大衣、雨伞、手杖、少量读物、婴儿食品、婴儿摇篮以及供病人用的可折叠的轮座椅。

4、机用安全设备

机舱内有灭火设备、氧气设备及紧急出口设施，飞经海上的飞机还有救生衣。这些设施只能在发生紧急情况时，由机组人员组织旅客使用。

5、听从乘务员提醒

飞机最容易发生危险的时候是起飞和降落的时候，这时要系好安全带，仔细听乘务员讲解怎样应付紧急事故。

6、不宜乘坐飞机的情况

应当了解有哪些人不适宜乘坐飞机旅行。有心血管病史的，刚做过眼睛手术或头脸部手术的人最好也避免搭乘飞机。

7、学会运用氧气设备

现代大型客机一般都在一万米以上的高空飞行。为了保证空勤人员和旅客的正常生活，座舱与外界密封隔绝，并设置了专门的设备，

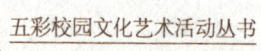

对座舱进行调温和增压。

除此之外，还设有固定式和携带式氧气设备。正常飞行时，旅客不必使用氧气。

8、细读乘机手册

登上飞机后，应仔细阅读面前袋子内的乘机安全手册。认真听取乘务员关于处理紧急情况措施的介绍。这对于第1次或较少乘坐飞机的同学来说尤其重要。

要熟悉一下自己周围的环境，特别是看清离自己座位最近的紧急出口的位置。按照机上要求系好安全带是必须重视的事。曾经就有过这样的事例：国内一架客机在航行中遇到强大的垂直气流，飞机在高空短暂失控，引起剧烈颠簸，机上未扣好安全带的乘客被抛向舱顶，造成2人死亡，数十人受伤。

乘飞机发生事故自救

乘坐飞机，如遇飞机密封增压舱失落、失火、机械故障等，驾驶员将不得不紧急迫降。紧急迫降一般在海上进行。但如离海岸太远，有时也只好在荒郊野外或撒满消防剂的飞机场跑道上强行迫降。迫降时，作为旅客应当做好一些重要事项。

保持镇静，保持清醒的头脑，听从指挥，切不可惊慌失措或各行其是。同时，注意看清飞机紧急出口的位置。

如果飞机高度在3600米以上时，密封增压舱突然失落释压，乘客头顶上的氧气面罩会自动垂下，应立即吸氧。直到驾驶员把飞机的高度降低。

在机组人员的统一指挥下，尽可能往前舱就座。因为机尾摔毁的可能性要多于机头摔毁的10倍以上。

按照要求将座椅靠背调节到正常状态，收起小桌板，系好安全带。屈身向前，脸贴在垫有枕头之类柔软物的双膝上，两臂抱住大腿，使整个身体处于"最低水平"位置，以减少因惯性而造成的损伤。

迅速将高跟鞋、眼镜、假牙牙托取下，清除身上或身体周围的坚硬物品，这样可以避免不必要的伤害。在紧急情况脱离之前，仍要系好安全带。

如机舱内有浓烟雾，用毛巾最好是湿的，掩住鼻子和嘴。走向紧急出口时应尽可能俯屈身体，临近机舱下部。

如果飞机是在水上迫降，要按照机组人员讲解的方法穿好救生衣。同学们自己穿好救生衣后，要帮助他人特别是小孩。不要在走出机舱前就让救生衣充气，否则会造成出舱门的困难。

在打开紧急出口前，要通过舱门的玻璃迅速查看外边的情况，如发现外边出口处有浓烟、火焰或尖锐的碎片以及其他障碍，不要打开舱门，立即从另外的出口脱离。

紧急出口打开后，充气救生梯便自动膨胀，以坐的姿势滑跳到梯上，双手护头，快速着地。滑到地面后，尽可能快速地远离飞机，不要返回机上取行李。

离开飞机后，仍要听从指挥人员的指挥，以便统一行动，脱离险境。

如果自己和别人受伤，应通知服务员，他们受过急救训练。等待救援时，设法和其他乘客交谈，保持求生意志。

NO3.学校旅游活动安全常识

郊游野营活动的安全常识

安全注意事项

学生们进行郊外野营时,一定要提前收看近期的天气预报,出行时尽量选择在晴朗的天气,并在野营期间随时注意天气的变化。

要提前准备充足的食物和饮用水。准备好手电筒和足够的电池,以便夜间照明使用。

准备一些常用的治疗感冒、外伤、防治中暑以及驱虫的药品,还

有一些必要的止血用的绷带及消毒水、紫药水等，以备不时之需。

要穿运动鞋或旅游鞋，切忌穿皮鞋，穿皮鞋长途行走最容易磨出泡来。也不宜穿过于轻薄的便鞋，因为野外多有杂草，容易刺穿鞋底或鞋帮伤及脚部。

郊外的天气与市里的气温会有差别，通常早晨和夜晚天气较凉，要及时注意气温变化，随时添加衣物，防止伤风感冒等疾病的发生。

在郊游活动中千万不要单独行动，尤其是野外森林中，更应结伴而行，以防止意外的发生。

活动一天会很疲劳，晚上要充分休息并采取一些必要的防蚊虫措施，以保障充足的睡眠，以便有充足的精力参加第二天的活动。

不要随便采摘和食用野蘑菇、野菜和野果等，以免发生食物中毒。也不要用手直接摘取奇特的花草，尤其不要接触其汁液，避免引起皮肤过敏。

中小学生，尤其是小学生一定要在教师的组织和带领下出去郊游。

戴好必备防护手套及雨披帽子等，以防止某些昆虫的袭击和雷雨天气。

保障安全的措施

各级教育行政部门对出游的地点范围、安全事项都有明确的规定，我们必须按照规定办理，不得擅自超出规定的区域范围。

郊游前必须认真进行安全教育。出发前必须认真进行宣传动员，强调安全教育，不仅要制定有关纪律，强调安全事项，而且要及时与家长联系，将活动的时间、地点、对学生的要求告知家长，以便共同做好安全工作。

出校门之后，一定要清点人数，再一次对学生进行安全教育。分散自由活动时要注意在分散自由活动前，必须规定集合时间、集合地点，认清集合地点的标记。规定要以小组为单位最少不少于三人进行活动，不要让学生单独行动。

1、发生失散情况的处理

（1）寻找。大多数同学在集合点就地休息，派出若干精明能干的学生，两人一组分头寻找，出发前要规定归队时间，找不到人也要回集合点报告情况。

（2）及时报案。及时向当地派出所报案，或向当地政府机关报告情况，请求协助。同时，通过电讯工具向留校领导汇报，采取紧急措施。

2、郊游时意外伤害的处理

（1）扭伤的处理方法。扭伤多发生在四肢关节处。在扭伤当时，可以做冷敷。冷敷的具体操作方法是用毛巾沾冷水、拧干后盖在伤处，也可以有冷水淋洗伤部。

（2）擦伤的处理方法。擦伤是指身体的裸露部分与地面、墙壁或其他物体猛烈摩擦发生的伤害。处理方法是先止血，由于血有自行凝结的能力，所以轻度擦伤时的渗出性出血，在数分钟内即可自行停止。

重度的范围大的擦伤出血量大，要立即送医院抢救，在送医院途中，要设法止血或减少出血量。在止血过程中，切切不能用脏毛巾、手绢等物擦洗伤处，以免细菌感染。

（3）鼻出血处理法。鼻部受到外力打击，鼻内的血管破裂，可能发生相当严重的鼻出血。鼻出血的病人可暂时用口呼吸，同时头要向后仰，在鼻部放置冷水毛巾。如果出血不止，可用凡士林纱布卷塞人出血的鼻腔内。

旅游登山活动的安全常识

登山是一项较为危险的运动。自然环境的恶劣,个人操作的失误都会造成意外。所以,学校组织活动时要尽量避开危险的境况,并要求学生加强自身技术的训练,提高在恶劣环境中的生存能力,在获得登山快乐的同时,确保登山过程中的安全。

登山前注意事项

登山之前要细致听取当地气象部门的天气预报,选择较为温和的天气出行。时间选择在早晨或上午,午后应该下山返回驻地。中途不要擅自改变登山路线和时间。

山上早晚气温较山下低,应根据当天的准确天气预报适当的增减

衣服。各宾馆饭店一般都有棉衣、羽绒服免费或出租，但以自己准备为宜。

登山前同学们要做好热身准备。可利用10至20分钟做肌肉伸展活动，尽量使全身肌肉放松。开始爬山锻炼时，切不可一上来就加大运动量，要循序渐进。通常要先做一些简单的热身运动，然后按照一定的呼吸频率，逐渐加大强度，避免呼吸频率在运动中发生突然变化。锻炼结束时，要放松一下，这样才能更好地保持肌群能力，使血液从肢体回到心脏。

登山应注意着装，尽量选择运动休闲且宽松挡风的衣服，切忌穿裙子和紧身衣裤登山。冬天登山轻巧饱暖的羽绒服为首选。注意要挑选合适的鞋子，以免劳累、起泡。运动鞋、登山鞋、布鞋和旅游鞋等平底鞋均可。切勿穿高跟鞋，拖鞋和皮鞋，以防滑跌带来登山不便。

登山前最好购买登山手杖，以免体力不支。购买拐杖时，应注意选择长短、轻重合适并且结实的手杖。

山中天气变化无常，时晴时雨，反复无常。且山高风大，不宜打伞，免得连人带伞一起兜跑。登山前如天气不好最好准备雨衣或在山下购买，如果等到山上下雨时再买雨衣，价格定会让您吃惊不小。

山高路陡，尽量少带行李杂物，轻装上阵，以减轻负荷；但要带足够矿泉水、饮料，以应登山途中水分散失口干舌燥。可选择性的带一些高热量的食品来保持体力的充沛。

登山前应充分了解自己的健康状况，随时携带药物；有高山反应及身体不适者，可选择索道和轿子，千万不要勉强上山。

登山的地点应该慎重选择。要向附近居民充分的了解清楚，当地的地理环境和天气变化的情况，选择一条最为安全的登山路线，并随时做好标记，以防止迷路。

备好绳索、干粮和水。在夏季，一定要带上充足的饮用水，因为登山会出汗，如果不补充足够的水分，很容易发生虚脱，甚至中暑。

背包不要选择手提式，要选择双肩背包，既可方便携带，又便于双手抓攀。还可以提前备用结实的长棍当作手杖，帮助攀登。

登山中的注意事项

登山时要有老师或导游等成年人的带领，一定要集体行动，不能单独出行。

登山中的队伍不可拉长，随时留意保持前后呼应，避免单独行动，落单最易发生意外。

迷路时应折回原路，切勿惊慌或沿溪下行，设法寻找庇身所，静待救援。请保持体力，平稳情绪，互相安抚。

要随时关注气象预报变化信息。千万不要在危险的崖边留影照相，以防发生意外。

行军途中应注意身体状况，若有不舒服，请立即告知领队或较有经验之伙伴，切莫抱有勉强或不好意思拖累的心态。

应理智评估自己的户外活动能力，不要尝试做超过自己能力与知识的决定与行为，通过困难地形时如感觉没有安全把握，应请领队与协作人员及周围同伴相助通过。

登山时要随身携带必备的通讯设备，如手机、对讲机等，以防止意外时紧急求救。

勤于思考，同样可以达成目标，请用最安全的办法来实施完成。

请小心用火，避免导致森林火灾。注意环境保护，垃圾废物务必带下山并妥善处理，实际践行踏过无痕的理念与原则。除了笑声什么都别留下，除了回忆什么也别带走。

遇有意外发生，请保持冷静，以己之长，克敌之短，尽快脱离险境并设法与警察部门及留守人员联系，静待救援。保护自身安全健康，避免运动过量引至运动伤害；尤其是膝盖、脚踝及腰椎。

海边旅游活动的安全常识

海边旅游前的准备事项

想到海边旅游的话,事先要查清天气状况,别准备了一大顿结果大风大浪又下雨的,那可得不偿失,查完天气选好日子之后就着手准备当天要带的东西吧。

1、必需品

遮阳伞、墨镜、防晒霜、泳衣、泳裤、泳帽、水镜、浴巾、拖鞋,耳塞等。

2、食物方面的准备

准备时应以水为重点，尤其夏季高温酷热，在海边呆上一整天不准备充足的水源是非常难受的。主食方面可以考虑准备面包、香肠、罐头、泡菜、烧鸡……油腻的最好少些，选择上偏向于可口、宜携带、不易坏掉的食物，最好不要带包子之类的，因为天热，焖上一天里面的肉馅很容易酸掉，虾也最好不要带，不新鲜的虾食用后会食物中毒，重则危及生命，所以海鲜类也尽量不要带，商店买到的干货或腌好的除外。

另外可以带些水果，如：桃子、李子、梨、苹果、西瓜等等，千万别带西红柿，其它的小零食按照个人喜好适量携带。

3、药品方面的准备

主要是医疗用品如：创可贴、消毒用品、胃药、治拉肚子的如利特灵、清凉油，有其它病史的就自己多备些常用药吧，这东西不怕多，一样带个十来粒的也不占地方，不过打包时记得写清品名以免吃错药。

海边游泳时的注意事项

1、游泳前要做准备活动

游泳前的热身运动可减少急性扭伤、擦伤和抽筋的发生机率，水上高手务必做完暖身运动再下水。除了有足够的暖身运动，本身已有肌肉、关节方面疾病的民众，在游泳姿势上要有所选择。例如有膝盖毛病者，避免游蛙式；有肩颈问题者，避免游自由式；有下背痛问题者，避免游蝶式；有脚踝问题者，避免游自由式、仰式及蝶式。在游泳时以不同的泳式交替，较不容易造成某些部位过度劳动的运动伤害。

2、不要在非游泳区游泳

非游泳区水域中水情复杂，常常有暗礁、水草、淤泥和漩流，稍有大意，就可能发生意外。因此，在下水之前一定要在当地搞好调查研究，做到心中有数，尽可能地远离水草、暗礁、旋流和淤泥。

3、上岸后要防止暴晒

注意保护皮肤，为了避免猛烈的太阳照射，最好涂上防晒霜。海浴前需在岸上作好准备，然后在浅水中浸润皮肤，使身体适宜水温。海浴时请不要攀登礁石，以免被牡蛎划伤。还要注意维护海水及沙滩的清洁卫生，弘扬公共道德。

4、忌饭前饭后游泳

空腹游泳会影响食欲和消化功能，也会在游泳中发生头昏乏力等意外情况；饱腹游泳亦会影响消化功能，还会产生胃痉挛，甚至呕吐、腹痛现象。

5、忌剧烈运动后游泳

剧烈运动后马上游泳，会使心脏加重负担；体温的急剧下降，会抵抗力减弱，引起感冒、咽喉炎等。

6、忌长时间曝晒游泳

长时间曝晒会产生晒斑，或引起急性皮炎，亦称日光灼伤。为防止晒斑的发生，上岸后最好用伞遮阳，或到有树荫的地方休息，或用浴巾在身上保护皮肤，或在身体裸露处涂防晒霜。

7、忌游泳时间过久

皮肤对寒冷刺激一般有三个反应期。第一期：入水后，受冷的刺激，皮肤血管收缩，肤色呈苍白。第二期：在水中停留一定时间后，体表血流扩张，皮肤由苍白转呈浅红色，肤体由冷转暖。第三期：停留过久，体温热散大于热发，皮肤出现鸡皮疙瘩和寒颤现象。这是夏游的禁忌期，应及时出水。游泳持续时间一般不应超过1。5至2小时。

8、忌带病者游泳

（1）忌高血压患者游泳。特别是顽固性的高血压，药物难于控制，游泳有诱发中风的潜在危险，应绝对避免。

（2）忌心脏病者游泳。如先天性心脏病、严重冠心病、风湿性瓣膜病、较严重心律失常等患者，对游泳应"敬而远之"。

（3）忌患中耳炎游泳。不论是慢性还是急性中耳炎，因水进入发炎的中耳，等于"雪上加霜"，使病情加重，甚至可使颅内感染等。

（4）忌患急性眼结膜炎游泳。该病病毒，特别是在游泳池里传染速度之快、范围之广令人吃惊。在该病流行季节即使是健康人，也应避免到游泳池内游泳。

（5）忌某些皮肤病游泳。如各个类型的癣，过敏性的皮肤病等，不仅诱发荨麻疹、接触皮炎，而且易加重病情。

9、忌忽视泳后卫生

泳后应马上用软质干巾擦去身上水垢，最好用淡水冲洗，滴上氯霉或硼酸眼药水，擤出鼻腔分泌物。如若耳部进水，可采用"同侧跳"将水排出。之后，再做几节放松体操及肢体按摩或在日光下小憩15至20分钟，以避免肌群僵化和疲劳。

五彩校园文化艺术活动丛书

游泳遇险的自救方法

1、肌肉抽筋的自救

水中抽筋，是由于身体在水中电解质释放过多、水比较寒冷、体能消耗过大、陆上的准备活动做得不够充分等原因造成。一般为腿部和脚趾抽筋最为常见。

如果您遇到这种情况，首先应保持身体在水中的平衡，腿部尽量伸直，然后用手抓住脚踝，脚尖向身体方向钩起，把脚尖尽量向自身方向扳拉，直到抽筋消失。如果抽筋过重，腿部已抽缩麻木，可一边扳拉，一边向岸边游进，也可大声呼救。

2、突然下沉的自救

此危险常见于初学游泳者或泳技不高者。在游进当中会感觉身体突然没劲了，然后身体下沉。这种情况主要是对自身的体力估计不足，体力分配不均匀，体力消耗过大，自身没有觉察，遇到这种情况，一定要保持冷静，可在身体下沉时闭住呼吸，使体内肺部充满气体，片刻，身体会自然上浮，然后，手部向下按压划水，蹬小腿，脚踝由内向外划圆，逐渐过渡到蛙泳。如果身边有水线等辅助设施，可借助休息一会儿再游。

3、被水草缠绕时的自救

在野外自然水域中游泳，一定要先观察水下环境。如果不幸遇到水草或渔网缠绕，一定要保持冷静，千万不要挣扎。在这种情况下只有保持冷静，才有机会解脱。缠绕发现得越早越容易解脱。被缠绕后，首先应放松身体，观察缠绕情况，寻找解脱的方法，如果解脱不了，可大声呼救。

4、被水母或海胆伤到的自救

在海泳及潜水活动中，要特别小心被海胆或水母刺到，如果被水母蛰伤时，会出现刺痛、瘙痒、红疹和水泡等现象，更严重的会有全身性反应，发生恶心、呕吐、发烧、畏寒、头痛和肌肉酸痛等症状。被水母蛰到时应马上以海水、食用醋或稀释的冰醋酸冲洗，千万不要以清水或酒精来处理。

至于如果在戏水时被海胆钙化的刺扎到皮肤，会引起剧痛、局部红肿，若未适当处理，可能在2、3个月后产生肉芽肿，因此必须尽量小心地将刺拔除，并就医治疗。

救助溺水者的注意事项

在游泳是难免会碰上他人水中遇险，在他人危难的时刻，我们都需要伸出救援的双手，然而，在我们救助溺水者的时候，溺水者由于恐慌，害怕而神志不清，慌乱中往往抓抱救生者，有可能我们在实行拖运之前被抓住或抱住，在这种情况下，我们就需要沉着冷静的运用解脱技术，摆脱溺水者，然后再实施救助。

1、被溺者抓住手腕的解脱方法

如救生者一手被溺者在上方两手同时抓住，被抓之手应紧握拳，另一手由下穿过溺者两臂之间，紧握被抓之手向下抽动，迫使溺者拇指松开，然后再进行救助。

如救生员一手在下方被溺者抓住，同样解脱，区别在于救生者一手由上方穿过溺者两手之间，紧握被抓之手向上抽动。

2、被溺者从后方抱住颈部解脱方法

救生者一手按住溺者手背，另一手顶住溺者同一测手的肘部，身体下沉，并用力向上推其肘部，按住溺者手背处用力下压，即可解脱。同时握溺者手腕，顺势转动溺者，使其背对自己，并进行拖运。

3、被溺者从前抱住腰部的解脱方法

由于溺者求生心理，往往会死死抱住救生者的腰部，并使脸部紧贴救生者的腹部，造成了解脱困难。此时，救生者应利用人体头部姿势反射的原理，只要以一手托住溺者的下颌，另一手扶住其贴近自己

另一侧头部，两手稍用力转动溺者头部，即可使其松手并离开救生者，达到解脱的目的，救生者应从其背后从新接近溺者，实行拖运。

4、救生者被溺者从后面拦腰抱住的解脱方法

首先，救生者被抱住后，用手触摸溺者手指，找其食指或无名指，并抓住它用力向外分开，再将溺者双手分别向上向下伸展，然后松开向下伸展之手，并立即退至其后，待溺者冷静后再进行拖运。

5、被溺者抓住头发的解脱方法

如救生者头发被抓住，救生者应用与溺者相同之手即体位交叉之手按住溺者之手，寻找溺者之手的小拇指，身体下沉，同时用手向上掀其手，另一手用力推其肘部，使溺者转动身体，被对自己进行拖运。

海边游泳中疾病的预防
1、中耳炎的预防

游泳后若出现耳朵疼痛，重

则发烧流脓，可能是游泳时带有细菌的水灌入耳内，导致中耳炎。游泳后一旦耳痛，应及时用复方新霉素或氯霉素甘油滴耳液滴耳，每天3次，每次2滴到3滴。若游泳时耳朵进了水，上岸后应左右歪头倒出耳中积水。

2、皮肤病的预防

游泳常见的皮肤问题，包括游泳者痒疹、海泳者皮肤疹、水母咬伤、海胆刺伤、移行性幼虫疹等。引发"海泳者皮肤疹"的原因，目前尚未证实，但通常是在离开海水数小时后，出现在泳衣遮蔽处，尤其是受压迫的部位，如男性的臀部与腰部及女性的胸部，症状包括局部红色丘疹、膨疹或水泡，会有瘙痒与灼热感。一般在持续7至10天后，会自然痊愈。

"游泳者痒疹"与水中的血吸虫幼虫有关，当你涉水而过或泡在水中时，血吸虫的幼虫会趁虚而入，进入暴露在泳衣外的皮肤，引起痒感、刺痛感或局部红疹的现象，数小时后会消失，隔10至15小时后，于暴露位骼会再度出现红色疹子。

治疗方式以症状治疗为主。避免游泳者痒疹及海泳者皮肤疹，就是游完泳马上以清水沐浴、彻底清洁皮肤，并用毛巾擦干身体。

游泳还可能引起接触性皮炎和过敏性皮炎，体表长出细小的红色丘疹，奇痒，可用氢化可的松软膏、肤轻松软膏或炉甘石洗剂每天擦数次。

3、红眼病的预防

另外在夏季眼科门诊中，因水上活动最常见的眼疾就是结膜炎，可分非传染性和传染性二类。非传染性结膜炎大多起因于泳池内消毒水的化学刺激或不洁溪水、海水等的刺激，患者眼睛会有局部酸涩、红肿及流泪的感觉，数小时后即可复原，对视力不会有严重影响。

另一种是传染性极高的流行性角结膜炎，则容易在游泳池等公共场所散播开来，是夏季眼科门诊中最常见的眼科疾病，主要经由手、眼接触到公共毛巾、水中的腺病毒而传染，患者不分男女老幼，但小孩的症状会比较严重。

症状初期包括急性眼睛红、易流泪、畏光和不舒服感，严重时则会产生眼皮水肿、结膜水肿、结膜下出血、伪膜及前淋巴结肿大等情形，同时角膜也容易被侵犯而出现点状白斑。就病程而言，两眼发病的快慢和程度均可不同，急性期约7至14天，在此期间都具有传染力，痊愈后虽不会对视力造成严重影响，但有些人仍会留下长期干涩及异物的感觉。

因此，一旦出现症状，就应该赶快就医，并保持眼睛清洁、多休息、常洗手，降低发炎程度，使自己的眼睛舒服些，同时也杜绝传染来源，免得亲朋好友受连累，当然最重要的是要养成不乱揉眼睛的好习惯，才不会一再遭受无妄之灾。

旅游时吃海鲜的注意事项

1、购买海鲜时要仔细

尽量选购活的，尤其是死蟹最好不要买来吃。买新鲜鲍鱼、蛏子或象拔蚌等，可用手碰一碰，选取活的、会动的。

2、烹调前洗干净

有甲壳的海鲜，在烹调之前要用清水将其外壳刷洗干净。贝壳类海鲜烹煮前，在淡盐水中浸约一小时，让它自动吐出泥沙。浸泡时间不宜过长，否则原来新鲜的海鲜反会被其中部分腐烂了的所污染。

3、生吃海鲜，先冷冻再浇淡盐水

对肠道免疫功能差的人来说，生吃海鲜具有潜在的致命危害。您可以将牡蛎等先放在冰上，在浇上一些淡盐水，能有效杀死这种细菌，这样生吃起来就更安全。

4、海鲜不宜下啤酒

食用海鲜时最好不要饮用大量啤酒,否则会产生过多的尿酸,从而引发痛风。吃海鲜应配以干白葡萄酒,因为其中的果酸具有杀菌和去腥的作用。

5、关节炎患者少吃海鲜

因海参、海龟、海带、海菜等含有较多的尿酸,被人体吸收后可在关节中形成尿酸结晶,使关节炎症状加重。

6、海鲜忌与某些水果同吃

生活中,许多人吃了鱼、虾等海鲜后,都有继续吃水果的习惯。海鲜中的鱼、虾、藻类等都含有比较丰富的蛋白质和钙等营养物质。

如果把它们与含有糅酸的水果,如葡萄、石榴、山楂、柿子等同食,不仅会降低蛋白质的营养价值,这种物质刺激肠胃,会引起人体不适,出现呕吐、头晕、恶心和腹痛腹泻等症状。所以,海鲜大餐之后最好不要马上吃水果。海鲜与这些水果同吃,至少应间隔2小时。

学校春游活动的安全常识

春季万物生发,百花齐放,空气清新,是人们踏青出游的美好季节,但在出游时,青少年也不可忽视健康常识,否则就易发生意想不到的疾病和意外伤害事件,同学们在春季出游时应注意做好一些重要事项以保障自身安全。

春游前安全教育
1、服从指挥,统一行动
春游全年级所有班应统一行动,要求一切行动听指挥。各班都

要有时间观念，准时出发，准时返校。管理上以班级为单位，除班主任外，每班配备一至二名科任老师随队协助管理。班主任请与各级组长、带队行政保持紧密联系。

2、分组管理，抓好个别

班主任应随身携带学生家长联系电话。本周内各班务必言明纪律，严禁学生单独行动。各班应在本班内设若干小组，由有一定管理能力的学生担任组长，要求各组全体组员在各项活动中统一行动，组长要经常清点人数。班主任和班长应掌握分组名单，与各组组长保持联系，对个别个性突出的学生尤其要特别关照。

3、注意安全，有序互助

春游安全是头等大事，行前班主任应做好乘车、旅途安全教育，教育学生在乘坐交通工具时讲秩序、不拥挤、会谦让，并注意不得在车上吃零食，不得大声喧哗；参观和活动时要做到井然有序，不拥挤、不喧哗、不打闹。

班级之间、同学之间要做到互帮互助，团结友爱；在旅途中与他人交往既要懂礼貌又要有必要的自我保护意识；要爱护公共设施和花草树木，不乱丢垃圾。

4、充分准备，注意环保

行前一天请学生不要过度兴奋，要安排较充足的休息时间；要自备适量的干粮和饮用水，午餐自行解决；适当带零钱并注意保管好；穿校服，视天气情况自带雨具；晕车的学生提早告诉老师，事先由老师作相应措施。特别提醒：每人要准备好一个装垃圾的塑料袋，注意环保，晕车的同学要多准备几个塑料袋。各小组要记住集合时间，集合前十分钟各小组要清点人数并靠近集合点活动。

5、清点人数，保障安全

返回途中，各班老师应清点人数，要求统一回校后再返家，同学们不能在校外逗留。班主任老师要等本班学生全部回家后方可离校。活动后各班可进行班级活动总结，以利下一次活动的开展，有些同学还写活动征文。

春游中的注意事项

1、注意避免过敏性疾病缠身

春天百花争艳，树木吐青，也是花粉、柳絮等过敏源容易传播的季节，极易诱发过敏性皮炎、哮喘等过敏性疾病。因此，有过敏史的人应该尽量远离过敏源，并随身携带抗过敏的药物，一旦出现过敏症状，应按药物使用说明书及时服用，以免过敏症状加重，导致其他并发症的发生。内服的防过敏药物一般有盐酸西替利嗪、息斯敏等，外用的有清凉油、皮炎平等。

2、户外活动谨防发生意外伤害

同学们在长时间行走后应注意休息，避免足部肌腱拉伤。进行剧烈的体育活动时要量力而行，不要因运动过度而导致身体受到伤害，在进行攀爬等活动时要做好保护措施。

3、谨防食物中毒和胃肠道疾病

踏青时在外就餐，不要到卫生条件差的小餐馆进餐或在路边小摊上购买食物。另外，不少同学踏青时，喜欢采摘野菌和野果等食用，有毒的菌类和野果一般颜色鲜艳且花色较杂，容易引起人的注意。因此同学们要特别注意，食用前一定要加以辨别，避免食物中毒。

另外，外出游玩时，有的同学有只吃凉食的习惯，而生冷食物容易引起胃肠道不适，因此，应该特别注意食物的卫生，避免发生胃肠道疾病。

最后，出外进行户外活动前应该做好相关准备，春季气温变化较快，出行前应注意带好御寒衣物，注意保暖。

夏令营活动中的安全常识

夏令营是学生时别有生趣的一项集体活动，它对于了解社会、热爱自然、增长知识、锻炼身体、调节心理、培养生活的独立性都有很大的好处，深受学生的欢迎。夏令营的规模可大可小，活动内容也可多可少，这主要根据活动时间、人数及客观条件来决定。为了达到参加夏令营的目的，使学生在娱乐、增长知识和锻炼身体等方面都有收益，应注意做到有计划有目的安排细节。

活动前注意事项

开展夏令营活动时要对夏令营活动的时间、路线、参加人数、交

通工具、住宿以及活动内容的安排都要有周密的考虑。应先与活动当地取得联系，以便于生活安排和开展活动。接着要进行组织落实，分工负责。对参加夏令营的学生可按照大孩带小孩，男带女的方法分成若干小组，选出各组组长，再由一名老师分管几个小组，并制定活动纪律和注意事项，要求大家团结互助。

另外，还要派专门负责生活住宿、交通、参观游览的老师，若参加夏令营人数多，可带一名校医一同随行。外出活动的生活和娱乐用品应带好。若都是小学生参加的夏令营，则时间不宜长，路程不宜远，不要到高山区和海、河区活动。小学生不要带零用钱，不准自行购物或买东西吃，小学生的生活和活动均由老师安排。

切实做到安全第一，乘车安全。游玩活动中的安全更要注意。年龄小和第一次离开父母参加外出活动的小学生，他们好奇心强，兴奋性高，但独立活动能力差，应加强对他们的照看，在外出活动前应了解学生的身体状况如感冒、贫血、晕车等，身体状况不佳者，不要外出。

夏季外出活动容易患胃肠道疾病、植物性皮炎、蚊虫叮咬、中暑和外伤，因此要做到饮食卫生，饭前便后洗手，不买零食吃，还要备好常用药品。服装要柔软宽松，最好有长、短的休闲服或运动服，脚穿旅游鞋或运动鞋，着装整齐、统一，这不仅有一种组织气氛，也便于活动中认清队员，以免失散。

旅程中的注意事项

1、汽车上

汽车行进中不要把头、手伸向窗外；不得在车辆行进中在车厢内走动。

有晕车者，请提前半个小时服用晕车药。

上下车时请注意来车方向以免发生危险。

2、火车上

不得自行打开水；倒开水时要把茶杯放稳在桌面上，手不得扶茶杯，以免火车晃动，开水洒手上。

临窗桌面不要放贵重物品，窗户打开不得超过30厘米。睡觉时，关闭车窗，不要让风直吹头部。

记住自己所在的车厢，火车到中间站点停车时，不得下火车到站台上。

上下铺时注意安全，不要碰着火车铺位及行李架。

乘车有序，不要拥挤，车辆行进中，不要把头、手伸出窗外。

不站在两节车厢中间，以免火车晃动摔倒。

在边座上坐时，起来时不要用手来扶边座。

3、游览时

不能随便购买零食、冷饮，不吃陌生人给的东西；遵守景区的各项规章制度，不破坏景区设施。

遵守纪律，安全第一。按时集合、乘车，一切听从导游和老师的统一安排，不得单独行动。游览中不得私自离团，如有特殊情况如买水、如厕、看自己喜欢的物品等，先向老师报告。

海边游玩时，在老师指定区域内活动，不得游泳、戏水，玩耍时请勿超越安全警戒线。乘船时，不要离船栏太近，不追逐嬉闹。搭乘快艇，客船及参加水上活动，请按规定穿着救生衣，并遵照工作人员的指导。

抵达景区游览前，牢记导游交代的集中地点、时间、所乘游览巴士车号。随身佩带胸卡，牢记电话号码。佩戴统一夏令营帽，便以识别。

4、脱团时

请在原地等候等待老师返回寻找，拨打胸卡上的老师电话。若手上没有零钱时也可拨打110免费电话，把老师电话、你的具体位置告诉110值班人员，让老师返回去找你，也可以直接返回到老师指定的集合位置。

5、用餐时

不应挑食，注意营养均衡；服务员上菜时要格外小心。

不得抢饭，若不够吃，可向老师反映。

用餐时不要着急，不要烫伤自己。

吃海鲜时，适量喝点米醋或吃点大蒜，以起到杀菌消毒的作用。

吃海鲜后，一小时内不得食用冷饮、西瓜等食品。

6、住宿时

不得夜间或自由活动时间自行外出，请告知全陪导游或老师，并要有人陪同应特别注意安全。

入住宾馆，检查房间内设施是否有问题，如有，及时通知老师或导游。爱护宾馆的各种物品设施，损坏照价赔偿；外出时不得将现金等贵重物品放到房间内并锁好房门；不得触摸电器线路板、插座等带电设施。

晚上按时就寝，查房后，锁好房间门，不要让陌生人进入房间，不得擅自离开宾馆。宾馆洗澡时，注意防滑，不要嬉戏，调好水温，防止烫伤。年龄较小的同学，老师协助料理日常生活。

学校秋游活动的安全常识

秋是一个充满了色彩充满了味道充满了诱惑和感官刺激的季节，地上铺满了黄灿灿的叶子，树上接满了沉甸甸的果子。此时出游，不仅可以调心养肺，提高内脏器官的功能，而且有利于增强各组织器官的免疫功能和身体对外界寒冷刺激的抵御能力。然而，由于秋季早晚温差大，气候干燥，要想有益于身心健康，必须注意做好一些重要事项。

秋游活动前的准备

1、要养好精神

晚上要早点睡觉，休息好，养足精神，早上不用很早就来，根据8点出发，我们按照平时上学的时间就可以了。

2、分好活动小组

活动之前,各班根据本班的特点分好小组,选好小组长,协助老师一起管理。

3、别带太多食物

所带食物不适宜太多,为了避免不必要的麻烦,不要吃得太饱,每个人最好自备好一个垃圾袋,以备装垃圾,活动结束后,再丢进垃圾桶里。

4、禁止携带危险器具

不允许携带火种、利器,凡带去的枪、刀、剑等玩具,老师一律没收。原则上不准带零用钱,如果要带的话,别带多了,但必须自己保管好。尽量不带贵重的相机、MP3、MP4等东西。

秋游中的注意事项

1、行路中要尽然有序

在走路去的路途中,要保证队伍井然有序,不大声喧哗,不在马路上嬉戏打闹,不推挤,不做危险动作和危险游戏,不要边走边吃边丢,很不文雅。不乱扔垃圾,过马路要走斑马线,参观时做到讲文明、懂礼貌。

2、听从老师安排

活动的时候,要听从老师的组织、安排。这是集体活动,要紧跟班级同学或者小组同学,不能个别游玩。在野外不能私自用火;注意行动安全,禁止冒险。禁止攀爬悬崖或树木;禁止下池塘或水库玩耍、摸鱼捉虾等;禁止在石梯上推挤打闹。

3、注意游玩时间

要注意游玩的时间,特别是集合的时间,提早到达集中地点,不要让集体等你一人。万一走丢了,找旅游景点里的工作人员,打带队老师电话联系。不要随便和陌生人说话。特别是不能随便跟陌生人离开旅游景点。

4、注意秋季病感冒

秋天气候变化复杂，早、中、晚室内外温度和湿度相差较大，在这样的环境下，呼吸道黏膜不断受到乍暖乍寒的刺激，致使黏膜上皮纤毛运动紊乱，功能失调，防御能力下降，抵抗力减退，给病原微生物提供了可乘之机，极易使人伤风感冒，还会引起扁桃体炎、气管炎和肺炎等。患有慢性支气管炎和哮喘的患者症状也往往会加重。

为此，秋季出游要注意随温度变化选择衣物，体质较好的同学应以轻装薄衣为主，切不可突增厚衣，体质较差的同学则应逐步增衣，切不可时增时减。

5、注意过敏性鼻炎

秋季是过敏性鼻炎的高发季节，花粉和冷空气都是诱发的主要因素。因为过敏性鼻炎的症状是流鼻涕、打喷嚏，很多患者误当成感冒来治疗。其实鼻炎的治疗目的是消除病因和过敏因素，达到脱敏、消肿、通气的效果。但对于季节性的发病，可以提前治疗，让病情缓和，使病程缩短。

过敏性鼻炎患者在生活中，要遵循"避、忌、替、移"四字原则，即避开过敏原，忌用过敏性食品和药物，用其他食物来代替易过敏食物，转移造成过敏的环境。此外，可以提前到医院采取预防性治疗措施。

6、注意多补充水分

出外游玩一般都容易出汗，因此要多补充水分，多吃甘蔗、梨、苹果、乳类、芝麻、新鲜蔬菜等柔润食物，以保持上呼吸道粘膜的正常分泌，防止咽喉肿痛。如有爬山之类的运动，出汗过多，可在开水中加少量食盐，以维持体内酸碱平衡，防止肌肉痉挛，补充时以少量、多次、缓饮为准则。

遭遇动物伤害的安全防护

猫狗咬伤

小狗、小猫很可爱,在旅游活动中学生们都喜欢逗它们玩。但是和它们玩过火,导致它们发怒咬伤你时该怎么办呢?这时候你可千万不要大哭大叫,更不能慌慌张张地去拿东西打它们,以免造成更加严重的后果,你应该立即采取正确的措施来保护自己。

被狗咬伤、抓伤后,应就地及时正确处理伤口,即用20%的肥皂水或0.1%的新洁尔灭彻底清洗咬伤局部,反复用纯净水冲洗伤口,再用3%的碘酒和75%的酒精消毒,进行必要的清创。虽然局部处理愈

早愈好，但即使延迟了1至2天甚至3至4天也不应忽视局部处理。如果伤口已结痂，也应将痂去掉按上法处理。

局部伤口不做一期缝合，不包扎，不涂抹软膏，不用粉剂，以利于伤口排毒。应立即到当地疾病控制中心就诊，注射狂犬疫苗或高效免疫血清。即或是出现局部或全身反应，也要在对症治疗的同时继续注射不应中止。

已被污染的伤口应同时使用破伤风抗毒素和其他抗感染处理，但不可与抗狂犬病免疫球蛋白、血清、狂犬疫苗在同一部位注射。

毒蛇咬伤

1、注意事项

野外遇到毒蛇时，可用木棍或石块将其赶走或打死。遇眼镜蛇高昂头部"呼呼"作响时，不要惊慌，不可直线跑动或向下坡逃走，应作"之"字形跑动，或者站立原地，根据它的来势左右避开。

2、伤后处理

一旦被毒蛇咬伤，要保持镇静，力争在几分钟内进行急救处理，排除毒液，防止吸收和扩散。切勿拼命奔跑去就医。因为奔跑时肌肉加快收缩，可促使血液循环加快，加速毒素吸收。

（1）绑扎伤肢。应当立即用止血带在患肢伤口近心端5至10厘米处绑扎，以阻断静脉回流，减少毒素的吸收、扩散。绑扎应松紧适度，不宜过紧。若无止血带，可用鞋带、领带、手帕、绳子、布条或树藤等代替。注意不要反复绑扎和放松。

（2）局部降温。将被咬肢体放低，可用冰袋局部冷敷，无冰时可用冷水或井水代替。可用吸乳器，或在伤口拔火罐吸出毒液。必要时，也可用嘴吸出。但一定要注意，吸吮者口腔黏膜必须无损伤、破溃，没有龋齿，否则，可引起施救者中毒。同时，应尽快到最近的医院急救处理。

（3）急送医院抢救。毒蛇咬伤12小时内，可在医院切开伤口排毒。同时服用或外敷药。有条件的，最好注射单价或多价抗毒血清。

为了防止破伤风和其他细菌感染，还应注射破伤风抗毒素和抗生素防止混合感染。积极防止肾功能衰竭或其他并发症的发生。

蜈蚣咬伤

野外中被蜈蚣咬伤其伤口是一对小孔，毒液流入伤口，局部红肿、疼痛、发麻，蜈蚣的毒液为酸性。

被咬后应立即用肥皂水、小苏打水等碱性水溶液冲洗伤口，以中和蜈蚣的酸性毒液。冲洗后记得要包扎，包扎伤口时不需要用碘酒或红汞涂抹伤口，若伤口处疼痛剧烈，可酌情口服止痛片，也可用蛇药外敷或口服。局部也可涂抹淡氨水，在咬伤后不久使用效果更好。

若伴有全身毒血症症状，如头痛、头晕、发热、呕吐时，应到医院进一步处理。

蝎子蜇伤

蝎子的蝎尾部有一个尖锐的钩，与一对毒腺相通。蝎子蜇人，毒液即由此流入伤口，由于蝎毒毒性较大，受伤者症状多较严重，局部剧痛、红肿、发麻，甚至失去感觉，伤口周围发黑、起水疱，还伴有头晕、心慌、出虚汗等全身症状，严重者可以引起休克。

若伤及四肢，应立即用绷带、止血带、布条等绑扎在伤口近心端，同时用镊子或针头小心挑去伤口中留下的毒钩，用吸引器或拔火罐吸出毒汁。

用碱性液体如3%的苏打水或1比5000高锰酸钾溶液清洗伤口。伤口清洗干净后，用蛇药调成糊状，在距伤口2厘米处环敷一圈，勿使药物进入伤口内。

或将明矾研碎，用浓茶或烧酒调成糊状，涂敷伤口后包扎伤口。若伤口周围红肿，可进行冷敷，若出现全身症状应立即送医院抢救。

蚂蟥叮咬

夏季在水田作业或在水塘、浅水河中游泳时容易遭受蚂蟥的伤害。蚂蟥虽然无毒,但易致皮肤损伤后出血感染。蚂蟥用其吸盘吸附在人体皮肤上,并逐渐深入人体内,因其咽部分泌的液体有抗凝血作用,故咬伤后伤口出血较多。

当蚂蟥吸附人体皮肤时,可用手掌或鞋底在吸附的周围用力拍击,蚂蟥的吸盘和颚片会自然放开,或在它身上撒些食盐或滴几滴盐水,蚂蟥就会立刻收缩脱下来。也可用肥皂水或醋涂在蚂蟥身上,或用烟头烤一下,即可使其松弛脱落,切勿用力拔蚂蟥。

用5%至10%的碳酸氢钠溶液冲洗伤口,涂以碘酊,防止感染。如血流不止,可用碳酸氢钠粉敷在伤口上。

蜜蜂叮咬

郊外碰见蜜蜂的蜂巢时不要好奇围观。蜂房多放在人烟稀少又盛产花蜜的山区、半山区。即使没有看见蜂巢,但是见到很多蜜蜂时,也表示近处有蜂群的活动,也要注意。有蜂群靠近时,最好慢慢走开,必要时立即抱头蹲下,用书包、衣服或者手臂将身体裸露部分遮挡住,尤其是头部和面部,不要挥舞衣服扑打或拔腿飞跑,人是跑不过蜜蜂的。

被蜂蜇伤后,如果伤口处有残留的蜇刺,应该立即拔掉。如果蜇刺留在伤口里,在红肿的中心可见一个小黑点,这时可以用消过毒的镊子或小针把蜇刺拔掉,也可以用嘴巴小心吸吮,把蜇刺吸出来。

清理伤口之后,用肥皂水、苏打水、食盐水、糖水、醋或柠檬汁冲洗伤口。在伤口处涂上抗过敏药,万花油、红花油、绿药膏等都可以;把生姜、大蒜等捣烂涂在伤口上也可以消炎止痛。如果出现头痛、头晕、恶心、呕吐、烦躁、发烧等比较严重的症状时,应该立即送往医院治疗。

NO4. 学校旅游自然灾害的防护

旅游中遭遇狂风时的措施

旅游中遇到超强狂风的袭击,将会严重危险着我们的生命财产安全。因此,在台风来临前,要及时将此类设施转移到安全地带,避开以上容易造成伤亡的地点,千万不要在以上地方避风避雨。

强风造成的常见事故

阳台、屋顶上的花盆、空调室外机、雨篷、太阳能热水器、屋顶杂物、建筑工地上的零星物品、工具、建筑材料等容易被风吹落造成伤亡。因此,及时固定好花盆等物品,建筑企业要整理堆放好建筑器材、工具、零星材料,以确保安全。

棚架、招牌、霓虹灯、吊机等悬空、高空设施要进行加固，并将露于阳台、窗外的花盆等物品移入室内。居民应把门窗捆紧拴牢，特别应对铝合金门窗采取防护，确保安全。

台风的预警知识

1、台风蓝色预警信号

（1）标准。24小时内可能或者已经受热带气旋影响，沿海或者陆地平均风力达6级以上，或者阵风8级以上并可能持续。

（2）防御指南。政府及相关部门按照职责做好防台风准备工作；停止露天集体活动和高空等户外危险作业；相关水域水上作业和过往船舶采取积极的应对措施，如回港避风或者绕道航行等；加固门窗，围板，棚架，广告牌等易被风吹动的搭建物，切断危险的室外电源。

2、台风黄色预警信号

（1）标准。24小时内可能或者已经受热带气旋影响，沿海或者陆地平均风力达8级以上，或者阵风10级以上并可能持续。

（2）防御指南。政府及相关部门按照职责做好防台风应急准备工作；停止室内外大型集会和高空等户外危险作业；相关水域水上作业和过往船舶采取积极的应对措施，加固港口设施，防止船舶走锚，搁浅和碰撞；加固或者拆除易被风吹动的搭建物，人员切勿随意外出，确保老人小孩留在家中最安全的地方，危房人员及时转移。

3、台风橙色预警信号

（1）标准。12小时内可能或者已经受热带气旋影响，沿海或者陆地平均风力达10级以上，或者阵风12级以上并可能持续。

（2）防御指南。政府及相关部门按照职责做好防台风抢险应急工作；停止室内外大型集会，停课，停业；相关水域水上作业和过往船舶应当回港避风，加固港口设施，防止船舶走锚，搁浅和碰撞；加固或者拆除易被风吹动的搭建物，人员应当尽可能待在防风安全的地方，当台风中心经过时风力会减小或者静止一段时间，切记强风将会突然吹袭，应当继续留在安全处避风，危房人员及时转移；相关地区应当注意防范强降水可能引发的山洪，地质灾害。

4、台风红色预警信号

（1）标准。6小时内可能或者已经受热带气旋影响，沿海或者陆地平均风力达12级以上，或者阵风达14级以上并可能持续。

（2）防御指南。政府及相关部门按照职责做好防台风应急和抢险工作；停止集会，停课，停业；回港避风的船舶要视情况采取积极措施，妥善安排人员留守或者转移到安全地带；加固或者拆除易被风吹动的搭建物，人员应当待在防风安全的地方，当台风中心经过时风力会减小或者静止一段时间，切记强风将会突然吹袭，应当继续留在安全处避风，危房人员要及时转移。

台风灾害的应急与对策

随时注意台风动向，紧急危险事故可打110电话请求协助。

位处低洼地区时，应暂迁至高处所。

准备手电筒、食物及饮用水，检查电路。

不可贸然外出，以免受伤。

检查门窗是否坚固，各种悬吊物应取下。

清扫排水管道。

将屋外的物品移置安全场所。

断落的电线，应请专业人员处理。

旅游中遭遇雷电时的措施

雷电的形成

夏秋旅游时，出现恶劣天气，往往会有雷电发生。雷电一般产生于对流发展旺盛的积雨云中，因此常伴有强烈的阵风和暴雨，有时还伴有冰雹和龙卷。积雨云顶部一般较高，可达20公里，云的上部常有冰晶。冰晶的淞附，水滴的破碎以及空气对流等过程，使云中产生电荷。云中电荷的分布较复杂，但总体而言，云的上部以正电荷为主，下部以负电荷为主。因此，云的上、下部之间形成一个电位差。当电

五彩校园文化艺术活动丛书

位差达到一定程度后，就会产生放电，这就是我们常见的闪电现象。

闪电的平均电流是3万安培，最大电流可达30万安培。闪电的电压很高，约为1亿至10亿伏特。一个中等强度雷暴的功率可达一千万瓦，相当于一座小型核电站的输出功率。放电过程中，由于闪道中温度骤增，使空气体积急剧膨胀，从而产生冲击波，导致强烈的雷鸣。

雷电因其强大的电流、炽热的高温、猛烈的冲击波、剧变的电磁场，以及强烈的电磁辐射等物理效应使其在瞬时产生巨大的破坏作用。目前人类还无法控制和阻止雷电的产生。雷电会导致人员伤亡、终端供配电系统、通信设备和计算机信息系统，引起森林火灾，击毁建筑物，造成仓储、炼油厂、油田等燃烧甚至爆炸，危害人民财产和人身安全。

旅游前可以通过电视、广播、互联网、手机短信等媒体，或者城区的预警信号发布电子显示牌得到气象部门发布的雷雨大风、冰雹预警信号，并注意采取相应的防范措施。

预防雷电措施

1、室外防雷

迅速躲入有防雷设施保护的建筑物内。汽车是躲避雷击的理想地方，远离树木、电线杆、烟囱等尖耸、孤立的物体。不宜进入孤立的棚屋、岗亭等低矮建筑物。

如果找不到合适的避雷场所时，应找一块地势低的地方，蹲下，双脚并拢，手放膝上，身向前屈。在空旷场地不宜打伞，不宜把金属工具、羽毛球拍、高尔夫球棍等物品扛在肩上。

切勿游泳或从事其他水上运动，不宜进行户外球类、攀爬、骑驾等运动，尽快离开水面以及其他空旷场地，寻找有防雷设施的地方躲避。不宜开摩托车、骑自行车赶路，打雷时切忌狂奔。万一不幸发生雷击事件，同行者要及时报警求救，同时为其做抢救处理。

2、室内防雷

关好门窗，尽量远离门窗、阳台和外墙壁。

在室外不要靠近、更不要触摸任何金属管线，包括水管、暖气管、煤气管等。

在无防雷设施的房间里尽量不要使用家用电器，包括电视机、计算机、有线电话、电冰箱、洗衣机、微波炉等。建议拔掉所有的电源插头，在雷雨天气不要使用太阳能热水器洗澡。

发生雷击火灾时，要赶快切断电源，并迅速拨打"119"或"110"电话报警求救，防雷设施要定期检测。

雷击伤员的急救

1、雷击烧伤的急救

雷击时的电流热效应会引起电烧伤，使人体炭化成焦状，如果遭受雷击者衣服着火，可往伤者身上泼水，或者用厚外衣、毯子把伤者裹住，以扑灭火焰。

对呼吸、心跳停止者，先做心肺复苏，再处理烧伤创面。

用冷水冷却伤处，然后盖上敷料，若无敷料可用清洁的布、衣服等包裹，及时转送当地医院，转运途中要输液，并采取抗休克措施。

2、雷击"假死"的急救

被雷击中的受伤者出现的心脏突然停跳、呼吸突然停止的现象，称为雷击"假死"现象。此时要立即组织现场抢救，使受伤者平躺在地，进行人工呼吸。同时要立即呼叫急救中心，由专业人员对受伤者进行有效的处置和抢救。

雷击假死伤员进行人工呼吸时要注意，用手慢慢推前额，头部尽量后仰，同时用另一只手臂将颈部向前抬起，保持气管通畅；取出口内异物，清除分泌物，挤压力要合适，切勿过猛。挤压与放松时间大致相等，且挤压与人工呼吸次数成比例，成人为15比2，儿童为5比1。

旅游中遇到水灾时的措施

在河谷、沿海地区及低洼地带游玩时。当听到水灾的警报或遇到水灾时,我们应该怎么办呢?

水灾的预防措施

听从家长、导游或学校的组织安排,进行防洪准备,或者撤退到安全地带,如防洪大坝上或地势较高的地区。如果已经受到洪水包围,要尽量利用船只、木排、门板、木床等做水上转移。

为了防止洪水涌入屋内,要堵住大门下面所有的缝隙,最好在门

槛外侧放上沙袋。如果洪水还会上涨,那么底层窗槛也要堆上沙袋。如果洪水不断地上涨,应在楼上储备一些食物、饮用水、保暖衣物以及烧开水的用具。

如果水灾严重,水位不断上涨,就必须自制逃生工具如床板、箱子及柜、门板等任何可以浮在水上的木质东西。如果一时找不到绳子,可以用床单、被单等撕开来代替。

在爬上木筏之前一定要试试木筏能否漂浮,所收集的食品、发信号用具如哨子、手电筒、鲜艳的床单、划桨等,这些是必不可少的。在逃生以前,要吃一些含较高热量的食品如巧克力、糖、甜点心等,并喝些热饮料以增强体质。

在离开之前,时间允许的话还要把煤气筏、电源总开关等关掉,将贵重物品包好,收藏在楼上的柜子里。出门时最好把房门关好,以免家产随水漂走。

被水冲走或落水时,首先要保持镇定,尽量抓住水中漂流的木箱、衣柜等物。如果离岸较远,四周又没有其他人或船舶,不要盲目游走,以免体力耗尽。无论遇到何种情形的危险,都要设法发出求救信号,如晃动衣服或树枝、大声呼救等。洪水过后,要服用预防流行病的药物,做好卫生防疫工作,避免发生传染病。

水灾伤员的急救措施

1、塌方砸伤人的急救

首先迅速救出伤员,抢救时,搬动要细心,严禁拖拉伤员而加重伤情;其次清除口腔、鼻腔泥沙、痰液等杂物,对呼吸困难者或者呼吸停止者,做人工呼吸。如果有大出血伤员必须先止血,等待伤员清醒后,喂少量盐开水,送医院抢救。

2、溺水情况下的急救

抢救时,救护者为防止溺水者抱住自己,一般应该从背后接近溺水者,两手推住溺水者的髋部,迅速将其拖上岸。

溺水者如果停止了呼吸,应该立即清除口鼻中的泥沙、杂草、泡沫,保持呼吸道的畅通;而后用毛巾或是手绢包着溺水者的舌头,将其拉出,用夹子夹住舌头,以防缩回。

(1)人工呼吸。救护者应该用薄手巾盖住溺水者的口部,一手捏住溺水者的鼻子,以防吹气时漏气,另一只手拖起溺水者下颌,用嘴对着溺水者的嘴将气吹入,吹完一口气后,嘴和捏鼻子的手同时离开,接着用手压一下溺水者的胸部,以助呼吸。如此有规律地反复进行,直到溺水者的呼吸出现为止。人工呼吸通常每分钟向溺水者口内吹气20次左右。

在实施人工呼吸之前,应该把溺水者口中的活动假牙摘掉,以防掉入呼吸道。如果发现溺水者的心脏已停止跳动,除做人工呼吸外,还要同时进行心脏的起搏按摩,以恢复心跳。

(2)心脏起搏按摩。让溺水者仰卧在较为坚硬的地面上,救护者的右手放在溺水者的心脏的正上方,左手掌重叠在右手上,而后稳健有力地向下垂直加压,使得胸下压缩心脏,然后抬起手腕,使得胸部扩张,心脏舒张,要有节奏地进行,每分钟60至70次。手掌用力下压时不要过于猛快,手掌压在心脏上方的面积不要过大,以防骨折。

通常情况下心脏的起搏按摩应该与口对口的人工呼吸结合起来,二者要配合一致。一般是吹一口气,做5次左右的心脏起搏按摩。

当溺水者苏醒后,应该密切注意其肺部情况,注意生命体征的测定,如:体温的变化、心脏的跳动规律、血压的变化、大小便的情况。特别是7天之内要注意引发吸入性肺炎的发生。必要时还需要把溺水者送入医院,观察一段时间。

旅游中遭遇地震时的措施

震前准备

在旅游中不幸遇到地震时,不要慌张,学生们要在导游、老师的指挥下做好对策预案,避免受到伤害。地震来临前要加固建筑物,并向学生进行宣传,使其在思想和知识上有所准备。在地震发生阶段,人们主要根据平时的防震知识和实际情况,寻找安全地方紧急避震。同时要注意观察附近的情况,是否有人遇难和负伤待救。负伤待救者也应做好自救或尽快寻求救援。

在震后自救阶段,短时间内救援力量难以到达灾区,这时是最困难的时期。在此阶段自救是主要方式,人们应了解自救的注意事项,并且预防强余震。

大震后3个小时,救援力量一般可到达灾区,有组织的救灾活动即可全面展开。但此时也应注意强余震和续发性大震的防御。防震措施的重点主要是保证震时和震后有条不紊地进行防震救灾。要做好以下准备。

学习地震知识，掌握科学的自防自救方法。震前自防，是指有中、短期地震预报背景的地区，根据临震前所发现的宏观异常，采取简易有效的防震抗震措施的举动。

另外，震前的物质准备也是很重要的。主要有高能量食品、水、急救箱等，放在震时紧急躲避处，以争取足够的等待外援时间。

分配每人震时的应急任务，以防手忙脚乱，耽误宝贵时间。

确定疏散路线和避震地点，要做到畅通无阻。

加固室内器具。

落实防火措施，易燃物品要妥善保管。

学会并掌握基本的医疗救护技能，如人工呼吸、止血、包扎、搬运伤员和护理方法等。

适时进行应急演习，以发现弥补避震措施中的不足之处和正确识别地震谣传。

震时应急

1、瞬时抉择，珍惜12秒自救机会

地震发生时，人们能感觉到并受其害的主要有两种地震波，即专业人员常说的P波和S波。每种类型以不同的传播方式和速度运动。P波运动速度最快，传播速度每秒钟8至9千米，最先到达地面。在震中区，P波使人感到的是上、下颠簸，造成的破坏不大，是给人们地震发生了的信号。

S波的运动速度比P波慢，通常平均每秒钟4至5千米，是继P波后到达地表的破坏性极大的波。它使人感觉到的是前后左右的摇晃以及建筑物等的倒塌，是直接危害人们生命财产安全的波。

因此，自我救助主要是在P波到达地面后的数秒钟之内的事。当P波到达时，应立即反应是地震发生了。若能在横波到达并造成破坏之前的十几秒内迅速躲避到安全处，就给人们提供了最后一次自救机会。一般称为12秒自救机会。

另外，地声地光也是大震的预警信号。许多地声出现在震前10分内，到临震十余秒时声响最大。临震时先听到"呼呼"风声，接着是"轰轰"声，再就是"咚咚"声，之后地面开始震动。地光是地壳内溢出的气体，强化了低空静电场所致。

其形状有带状、片状、球状、柱状，颜色以蓝、白、红、黄居多。地面微动可能是临震前震源区断层预滑造成应力波所致。历次大震的幸存者中，很多人就是观察到这些临震异常现象，判断有大震来临，迅速采取措施避险，而躲过了灾难。

2、了解所处环境，果断采取措施

要迅速远离易爆和易燃及有毒气体储存的地域，避险时要远离高楼、大烟筒、高门脸、女儿墙、高压线以及峭壁、陡坡或海边，不要在狭窄的巷道中停留。

现场的急救

地震同时会出现大批伤员，现场救护往往需在学生帮助下进行。做好现场指挥、现场伤员分类工作十分重要。

1、现场指挥

救护人员要掌握现场特点，包括建筑物倒塌程度、可能受伤人数和地点，选择安全救护场地。组成现场救护指挥站，组织救援人员将伤员脱离受伤现场，在选定的安全场地对伤员进行现场救护。

2、伤员的现场分类

根据伤员受伤各程度、部位、生命体征变化进行分类，有利于按伤员伤情的轻重缓急进行救护和向医院转送。机械性外伤，指人们被倒塌体及其各种设备的直接砸击、挤压下的损伤，一般占地震伤的95%至98%。另外，还有埋压窒息伤、完全性饥饿、烧伤等。

震后自救与互救

自救与互救在抗震救灾中有极其重要的意义，无论有无救援力量到达，灾民自救都是不可缺少的救生措施。据部分资料统计，自救与互救的脱险率可达40%至80%。

1、自救

一次强烈地震经过几十秒钟后结束了，首要的问题是如何自救。在废墟下压埋较轻的人，凭借自己的力量和智慧，根据自己所处的具体情况，寻找可以自救脱险的薄弱部位，尽力自救，完全可以脱险，失去理智的乱喊乱叫是无济于事的。

若受重伤或暂时不能脱险者，不要乱喊乱动消耗体力，要设法延缓生命，首先把妨碍呼吸的部位即口鼻胸部附近松动一下，或扒开一定的小空间，以利呼吸，等待救援。发现有人扒救时，可用喊或敲击物体的方法为扒救人指明埋压的位置。

2、互救

互救要有组织、讲究方式方法，避免盲目图快而造成不应有的伤亡。首先通过侦听、呼叫、询问及根据建筑结构特点，判断被埋人员的位置，特别是头部方位，再进行开挖施救。

（1）问。就是询问震时一起的亲友、同志和当地熟人，指出伤员的位置，了解当地的街道情况、建筑物分布情况。

（2）听。就是贴耳侦听伤员的呼救声和呻吟声，一边敲打一边听，一边用手电照一边听。

（3）看。就是仔细观察有没有露在外边的肢体血迹、衣服或其他迹象，特别注意门道、屋角、房前、床下等处。

（4）探。就是在废墟空隙，或者排除障碍钻进去寻找伤员。这时要注意有无爬动的痕迹及血迹，以便寻找已经筋疲力尽的遇难者。

（5）喊。就是呼喊遇难者姓名，细听有无应答之声。

通过以上五种方法，找到伤员位置，然后再根据情况，采取适当的救援方法，就能很快地将伤员救出，并逐步扩大救援。

救出伤员后应首先将其头部暴露，迅速清除口鼻内灰土，进而暴露胸腹部。如有窒息应及时施以人工呼吸；如伤势严重不能自行出来的，不得强拉硬拖，应设法暴露全身，查明伤情，施行包扎固定或急救。

在扒救中，可使用铲、铁杆等轻便工具和毛巾、被单、衬衣、木板等方便器材。企业的医护人员脱险后，能在救护工作中起重要的核心和骨干作用。要立即在马路口、废墟旁建成临时包扎点、医疗点，指导自救互救，抢救出来的伤员应尽快包扎，并设法寻找药物、水和适当食物给以急救，然后转移和治疗。

旅游中遇到海啸时的措施

海啸的形成

海啸是由水下地震、火山爆发或水下塌陷和滑坡等大地活动造成的海面恶浪,并伴随巨响的现象。是一种具有强大破坏力的海浪,是地球上最强大的自然力。

海啸的波长比海洋的最大深度还要大,在海底附近传播不受阻滞,不管海洋深度如何,波都可以传播过去。海啸在海洋的传播速度大约每小时500至1000公里,而相邻两个浪头的距离可能远达500至650

公里,它的这种波浪运动所卷起的海涛,波高可达数十米,并形成极具危害性的"水墙"。

在一次震动之后,震荡波在海面上以不断扩大的圆圈,传播到很远的距离,正象卵石掉进浅池里产生的波一样。海啸波长比海洋的最大深度还要大,轨道运动在海底附近也没受多大阻滞,不管海洋深度如何,波都可以传播过去。

破坏性的地震海啸,只在出现垂直断层、里氏震级大于6。5级的条件下才能发生。当海底地震导致海底变形时,变形地区附近的水体产生巨大波动,海啸就产生了。

海啸的传播速度与它移行的水深成正比。在太平洋,海啸的传播速度一般为每小时两三百公里到1000多公里。海啸不会在深海大洋上造成灾害,正在航行的船只甚至很难察觉这种波动。海啸发生时,越在外海越安全。

一旦海啸进入大陆架,由于深度急剧变浅,波高骤增,可达20至30米,这种巨浪可带来毁灭性灾害。

海啸来袭之前,海潮为什么先是突然退到离沙滩很远的地方,一段时间之后海水才重新上涨?

大多数情况下,出现海面下落的现象都是因为海啸冲击波的波谷先抵达海岸。波谷就是波浪中最低的部分,它如果先登陆,海面势必下降。同时,海啸冲击波不同于一般的海浪,其波长很大,因此波谷登陆后,要隔开相当一段时间,波峰才能抵达。

另外,这种情况如果发生在震中附近,那可能是另一个原因造成的:地震发生时,海底地面有一个大面积的抬升和下降。这时,地震区附近海域的海水也随之抬升和下降,然后就形成了海啸。

海啸的类型

海啸可分为4种类型。即由气象变化引起的风暴潮、火山爆发引起的火山海啸、海底滑坡引起的滑坡海啸和海底地震引起的地震海啸。中国地震局提供的材料说，地震海啸是海底发生地震时，海底地形急剧升降变动引起海水强烈扰动。其机制有两种形式："下降型"海啸和"隆起型"海啸。

1、"下降型"海啸

某些构造地震引起海底地壳大范围的急剧下降，海水首先向突然错动下陷的空间涌去，并在其上方出现海水大规模积聚，当涌进的海水在海底遇到阻力后，即翻回海面产生压缩波，形成长波大浪，并向四周传播与扩散，这种下降型的海底地壳运动形成的海啸在海岸首先表现为异常的退潮现象。1960年智利地震海啸就属于此种类型。

2、"隆起型"海啸

某些构造地震引起海底地壳大范围的急剧上升，海水也随着隆起区一起抬升，并在隆起区域上方出现大规模的海水积聚，在重力作用下，海水必须保持一个等势面以达到相对平衡，于是海水从波源区向四周扩散，形成汹涌巨浪。这种隆起型的海底地壳运动形成的海啸波在海岸首先表现为异常的涨潮现象。

海啸的危害

剧烈震动之后不久，巨浪呼啸，以摧枯拉朽之势，越过海岸线，越过田野，迅猛地袭击着岸边的城市和村庄，瞬时人们都消失在巨浪中。港口所有设施，被震塌的建筑物，在狂涛的洗劫下，被席卷一空。事后，海滩上一片狼藉，到处是残木破板和人畜尸体。

地震海啸给人类带来的灾难是十分巨大的。目前，人类对地震、火山、海啸等突如其来的灾变，只能通过预测、观察来预防或减少它们所造成的损失，但还不能控制它们的发生。

国家海洋局海洋环境预报中心海洋环境预报室副主任于福江介绍，我国位于太平洋西岸，大陆海岸线长达1。8万公里。但由于我国大陆沿海受琉球群岛和东南亚诸国阻挡,加之大陆架宽广,越洋海啸进入这一海域后,能量衰减较快,对大陆沿海影响较小。

因为地震波沿地壳传播的速度远比地震海啸波运行速度快,所以海啸是可以提前预报的。不过,海啸预报比地震探测还要难。因为海底的地形太复杂,海底的变形很难测得准。

1964年国际上首次成立了全球海啸警报系统协调小组,太平洋由于海啸多发,所以海啸预警系统很发达。此次大地震发生15分钟后太平洋海啸预警中心就从檀香山分部向参与联合预警系统的26个国家发布了预警信息。如果印度洋也有预警系统,也许人们就可以更好地利用从震后到海啸登陆印度洋沿岸的宝贵时间。

海啸的自救

地震是海啸最明显的前兆,如果你感觉到较强的震动,不要靠近海边、江河的入海口。如果听到有关附近地震的报告,要做好防海啸的准备,注意电视和广播新闻。要记住,海啸有时会在地震发生几小时后到达离震源上千公里远的地方。

海上船只听到海啸预警后应该避免返回港湾,海啸在海港中造成的落差和湍流非常危险。如果有足够时间,船主应该在海啸到来前把船开到开阔海面。如果没有时间开出海港,所有人都要撤离停泊在海港里的船只。

海啸登陆时海水往往明显升高或降低,如果你看到海面后退速度异常快,立刻撤离到内陆地势较高的地方。

每个人都应该有一个急救包,里面应该有足够72小时用的药物、饮用水和其他必需品。这一点适用于海啸、地震和一切突发灾害。

遭遇泥石流滑坡时的措施

7、8月是夏季雨水最丰沛的时期,也是我们出门旅游的最佳时期,一方面是旅游黄金期我们能尽情玩得开心,一方面我们出门游玩可能会遇到暴雨、洪水、泥石流、滑坡等地质灾害,这段时间可谓"痛并快乐着"。当旅游遭遇雨讯,安全出游就显得尤为重要。

泥石流与滑坡的定义

1、泥石流

泥石流是山区沟谷中,由暴雨、水雪融水等水源激发的,含有大量的泥砂、石块的特殊洪流。其特征往往突然暴发,浑浊的流体沿着陡峻的山沟前推后拥,奔腾咆哮而下,地面为之震动、山谷犹如雷鸣。在很短时间内将大量泥砂、石块冲出沟外,在宽阔的堆积区横冲直撞、漫流堆积,所到之处,墙倒屋塌下,一切物体都会被厚重粘稠的泥石所覆盖。

2、滑坡

滑坡是斜坡上的土体或

者岩体，受河流冲刷、地下水活动、地震及人工切坡等因素影响，在重力作用下，沿着一定的软弱面或者软弱带，整体地或者分散地顺坡向下滑动的自然现象。俗称"走山"、"垮山"、"地滑"、"土溜"等。

我国泥石流危害严重的地区主要有：滇西北、滇东北山区、川西地区、陕南秦岭、大巴山区、辽东南山地、甘南及白龙江流域以武都地区最为严重。在这些地方旅游一定要更加注意。

判断泥石流与滑坡的发生

1、泥石流的判断

泥石流的发生判断除根据当地降雨情况来估测泥石流暴发的可能性外，还可通过一些特有现象来判断泥石流的发生，以便采取快速、正确的自救方法。

当发现河床中正常流水突然断流或洪水突然增大并夹有较多的柴草、树木，都可确认河床上游已形成泥石流。仔细倾听是否有从深谷或沟内传来的类似火车轰鸣声或闷雷式的声音，如听到这种声音，哪怕极微弱也应认定泥石流正在形成，此时须迅速离开危险地段。沟谷深处变得昏暗并伴有轰鸣声或轻微的震动感，则说明沟谷上游已发生泥石流。

2、滑坡的判断

（1）山坡上出现裂缝。滑坡裂缝是滑坡形成过程中的一种重要伴生现象。随着滑坡的发展，滑坡裂缝会由少变多、由断续变为连贯。对于土质滑坡，张开的裂缝延伸方向常与斜坡延伸方向平行，弧形特征明显；水平扭动的裂缝顺斜坡倾向发展，多数情况下较平直。

对于岩质滑坡，裂缝的展布方向常受岩层面和节理面的影响而复杂化。地面裂缝的出现，说明山坡已经处于不稳定状态。弧形张开裂缝和水平扭动裂缝圈闭的范围，就是可能发生滑坡的范围。

（2）坡脚松脱鼓胀。有些情况下，滑坡迹象首先在坡脚处显现出来。斜坡前缘土体或岩层发生松脱、垮塌时，垮塌的土体一般较湿润，垮塌的边界不断向坡上扩展；斜坡前部有时会发生丘状鼓起，顶部常有张开的扇形或放射状裂缝分布。

（3）斜坡局部沉陷。当地下存在洞室如矿硐、溶洞，或地面有较厚的近期人工填土时，有时会由于洞顶失稳或填土压实导致地面沉陷，这种情况下，地面陷落必然与下伏洞室或填土范围有明显的对应关系。当斜坡上出现的局部沉陷与上述因素无关时，可能是即将发生滑坡的征兆。

（4）斜坡上建筑物变形。斜坡变形程度不大时，在土质地面和耕地中往往不易发现变形迹象，相比之下，房屋、地坪、道路、水渠等人工构筑物却对变形较敏感。因此，当各种构筑物相继发生变形、特别是变形构筑物在空间展布上具有一定规律性时，应将之视为可能发生滑坡的前兆。

（5）泉水井水异常变化。滑坡发展过程中，由于岩层、土层位置的变化，也会引起地下水水质和水量动态的变化。当发现原有泉水出水量突然变大、变小、甚至断流，水质突然浑浊。

（6）地下发出异常声响。滑坡发展过程中造成的地下岩层剪断，巨大石块间的相互挤压和摩擦，都可能发出一些特殊的响声。当出现这种现象时，应该注意家禽、家畜是否也有异常反应。因为动物对声音的感觉要比人的感觉更灵敏，往往能在人类之前更早感知危险的临近。

（7）各种前兆的相互印证。前兆出现的多少、明显程度及其延续时间的长短，对于不同环境下的滑坡有着很大差异，有些前兆可能是非滑坡因素所引起。

因此，在判定滑坡发生可能性时，要注意多种现象相互印证、尽量排除其它因素的干扰，这样做出的判断才会更准确。在无法判定是否会发生滑坡时，宁可信其有，不可信其无，先采取避灾措施，再请专业人员来诊断。

泥石流与滑坡的自救

1、采取正确的逃逸方法

泥石流与滑坡不同于山崩和地震，它是流动的，冲击和搬运能力很大，所以，当处于泥石流、滑坡区时，不能沿沟向下或向上跑，而应向两侧山坡上跑，离开沟道、河谷地带，但注意不要在土质松软、土体不稳定的斜坡停留，以免斜坡失稳下滑，应在基底稳固又较为平缓的地方。

2、不要在树上躲避

另外，不应上树躲避，因泥石流不同于一般洪水，其流动中可沿途切除一切障碍，所以上树逃生不可取。应避开河道弯曲的凹岸或地方狭小高度又低的凸岸，因泥石流有很强的淘刷能力及直进性，这些地方很危险。

NO5. 学校旅游地点的选择指导

华北地区著名的旅游景点

北京著名的旅游景点

1、天安门

天安门座落在广场北端的天安门城楼虽饱经沧桑却依旧朝气蓬勃、威严四仪。天安门是北京城的眼睛，是中华人民共和国的象征。

天安门城楼始建于明永乐十五年即公元1417年，是明代皇城的正门，当时叫"承天门"，有承天启运之意。刚开始修建的时候，可不是现在看到的这个模样，而是五座木牌坊，后来改建成九开间门楼。清顺治八年就是公元1651年，清世祖福临重新修建这座城楼。建国后，人民政府又重建了城楼上的木建筑、加厚城墙，才成了现在的样子。明、清两朝，这儿是禁地，到公元1911年清王朝覆灭为止，除了皇亲贵族，老百姓不准过往。它最大的用途，是国家有大庆典如皇帝登极、

册立皇后时在此举行"颁诏"仪式。而如今只要有机会，随时都能登上这座城楼，去眺望目前世界上最大的广场——天安门广场。

在晴朗的天宇下，城楼上有黄色琉璃瓦闪耀着灿烂的光辉，朱红的柱子和城台，白色的华表、石栏杆、石狮子，金水桥一一浮现。碧水青天，丹墙绿树，石栏黄瓦，画梁朱柱，色彩丰富，轮廓美丽，宏伟端庄。

站在城楼上，放眼望去，人民大会堂、人民英雄纪念碑、毛主席纪念堂、中国历史博物馆和中国革命博物馆，这些气势轩昂的现代大建筑竖立在宽阔的广场上，使广场呈现出前所未有的新气象，庄严的布局、磅礴的气势，会使每一个中国人油然而生自豪之情。

历史的回声仿佛还在回响，历史的步伐依然在前行，雄伟壮观的天安门同共和国一道迎接着一个又一个新的黎明。新北京十六景之首。

2、故宫

故宫建成于明永乐十八年，占地72万平方米，建筑面积16万平方米，有宫殿建筑9000多间，是中国乃至世界现存最大、最完整的古代宫殿建筑群。以乾清门广场为界，分前朝、后寝两大部分。

前朝以太和殿、中和殿、保和殿为中心，左右辅以文华殿、武英殿，是皇帝举行重大典礼的场所；后寝以乾清宫、坤宁宫、交泰宫为中心，左右辅以东西六宫，是皇帝和后妃们居住及皇帝处理日常政务的场所。

一条从午门、三大殿、后三宫直达御花园的钦安殿和神武门的中路，构成了整个故宫的中轴。这个中轴又在北京城的中轴线上。在紫禁城中轴宫殿两旁，还对称分布着许多殿宇，也都宏伟华丽。紫禁城4个城角都有精巧玲珑的角楼，所谓"九梁十八柱"，异常美观。明清两朝共有24代皇帝在此居住和行使国家最高统治权。

故宫博物院内陈列我国各个朝代的艺术珍品，是中国最丰富的文化和艺术的宝库。故宫的整个建筑金碧辉煌，庄严绚丽，被誉为世界五大宫之一，五大宫即北京故宫、凡尔赛宫、白金汉宫、白宫、克里姆林宫。

3、雍和宫

雍和宫是全国除西藏地区以外，保存最完整、规模最大的一处喇嘛教寺庙。雍和宫在北京市区东北安定门内。原为清世宗胤正府第，修建于康熙33年，当时名叫雍亲王府，雍正3年改名为雍和宫。

雍和宫位于市区东北角，清康熙三十三年，康熙帝在此建造府邸、赐予四子雍亲王，称雍亲王府。雍正三年，改王府为行宫，称雍和宫。乾隆九年，雍和宫改为喇嘛庙。可以说，雍和宫是全国"规格"最高的一座佛教寺院。雍和宫由牌坊和天王殿、雍和宫大殿、永佑殿、法轮殿、万福阁等五座宏伟大殿组成，另外还有东西配殿、"四学殿"即：讲经殿、密宗殿、数学殿、药师殿。

整个建筑布局院落从南向北渐次缩小．而殿宇则依次升高。形成"正殿高大而重院深藏"的格局，巍峨壮观，具有汉、满、蒙、藏民族的特色。伫立雍和宫南院，可见一座巨大影壁、三座高大碑楼和一对石狮。

过牌楼，有方砖砌成的绿荫甬道，俗名辇道。往北便是雍和宫大门昭泰门，门内两侧是钟鼓楼，外部回廊，富丽庄严，别处罕见。

鼓楼旁，有1口重8吨的昔日熬腊八粥的大铜锅，十分引人注目。往北，有八角碑亭。站在八角碑亭旁，便见悬挂着乾隆帝题匾"雍和门"的天王殿。

殿内正中金漆雕龙宝座上，坐着笑容可掬、坦胸露腹的弥勒佛。大殿两侧，东西相对而立的是泥金彩塑四大天王。天王脚踏鬼怪，表明天王镇压邪魔，慈护天下的职责和功德。大肚弥勒后面，是脚踩浮云，戴盔披甲的护法神将韦驮。

出天王殿，院中依次有铜鼎、御碑亭、铜须弥山、嘛呢杆和主殿雍和宫。主殿原名银安殿，是当初雍亲王接见文武官员的场所，改建喇嘛庙后，相当于一般寺院的大雄宝殿。殿内正北供质三世佛像。

三世佛像有两组：一组是中为娑婆世界释迦牟尼佛，左为东尊高近2米的铜方世界药师佛。右为西方世界阿弥陀佛。这是空间世界的三世佛，表示到处皆有佛。空间为横向，所以又叫横三世佛。各地大雄宝殿供三世佛的，多为横三世佛。而雍和宫大殿的三世佛则表示过去、现在和未来的时间流程，说明无时不有佛，即中为现在佛释迦牟尼佛，左为过去佛燃灯佛，右为未来佛弥勒佛。

正殿东北角供铜观世音立像，西北角供铜弥勒立像。两面山墙前的宝座上端坐着十八罗汉。大殿前院中两庑是"四学殿"。出大雄宝殿，便是永佑殿，建筑结构同天王殿，为单檐歇山式，"明五暗十"构造，即外面看是子，实际上是两个5间合并在一起改建而成的。

永佑殿在王府时代，是雍亲王的书房和寝殿。后成为清朝供先帝的影堂。永佑是永远保佑先帝亡灵之急。殿内正中莲花宝座上，是米的佛像，系檀木雕制，中为无量寿佛，左为药师佛，3尊高2.35右为狮吼佛。

出永佑殿，便到法轮殿。左右两侧为班禅楼和戒台楼。法轮殿平面呈十字形，殿顶上建有暗楼，有5座铜质馏金宝塔，为藏族传统建筑形式。法轮殿是汉藏文化交5座天窗式的融的结晶。殿内正中巨大的莲花台上端坐1尊高6.1米的铜制佛像，面带微笑，是藏传佛教黄教的创始人宗喀巴大师。这尊铜像塑于1924年，耗资20万银元，历时2年才成。

宗喀巴像背后，是被誉为雍和宫木雕三绝之一的五百罗汉山，高近5米，长3.5米，厚30厘米，全部由紫檀木细雕镂而成。五百罗汉山前有一金丝楠木雕成的木盆，据说当年乾隆帝呱呱坠地后3天，曾用此盆洗澡，俗名"洗三盆"。

出法轮殿，便是高25米，飞檐三重的万福阁。其两旁是永康阁和延绥阁。两座楼阁有飞廊连接，峥嵘崔巍，宛如仙宫楼阙，具有辽金时代的建筑风格。万福阁内巍然矗立一尊弥勒佛，高18米，地下埋入8米。佛身宽8米，是由六世达赖喇嘛进贡的、用一整棵名贵的白檀。

这尊大佛也是雍和宫木雕三绝之一。还有一个木雕三绝在万佛阁前东配殿照佛楼内，名金丝楠木佛龛，采用透雕手法，共有99条云龙，条条栩栩如生。雍和宫是汉藏文化的瑰宝，被国务院列为全国重点文物保护单位。

4、颐和园

位于北京市西北近郊海淀区，距北京城区15千米。是利用昆明湖、万寿山为基址，以杭州西湖风景为蓝本，汲取江南园林的某些设计手法和意境而建成的一座大型天然山水园，也是保存得最完整的一座皇家行宫御苑，占地约290公顷。颐和园是我国现存规模最大，保存最完整的皇家园林，为中国四大名园之一。被誉为皇家园林博物馆。

5、八达岭长城

八达岭长城为居庸关的重要前哨，古称"居庸之险不在关而在八达岭"。明长城的八达岭段是长城建筑最精华段，集巍峨险峻、秀丽苍翠于一体，"玉关天堑"为明代居庸关八景之一。1953年修复关城和部分城墙后，辟为游览区。经多次整修，可供游览地段达3741米，其中南段1176米、北段2565米，共有敌台16座。

1961年3月"万里长城——八达岭"被确定为第一批国家级文物保护单位；1982年被列为国家重点风景名胜区；1986年被评为全国十大风景名胜之首；1987年被联合国教科文组织列入《世界文化遗产名录》；1992年被评为"北京旅游世界之最"中的第一名；1995年八达

岭长城被中国关心下一代工作委员会命名为"全国爱国主义教育基地"。2007年5月8日，八达岭长城经国家旅游局正式批准为国家5A级旅游景区。

6、香山

又名静宜园，位于北京海淀区西郊，距市区25公里，全园面积160公顷，最高峰海拔557米，是北京著名的森林公园。1186年，金代皇帝在这里修建了大永安寺，又称甘露寺。寺旁建行宫，经历代扩建，到乾隆十年定名为静宜园。

香山红叶最为著名，每到秋天，漫山遍野的黄栌树叶红得象火焰一样。这些黄栌树是清代乾隆年间栽植的，200多年来，逐渐形成拥有94000株的黄栌树林区。每年10月中旬到11月上旬是观赏红叶的最好季节，红叶延续时间通常为1个月左右。半山亭、玉华山庄和阆风亭都是看红叶的好地方。七百年前的金代，始建皇家的行宫和香山寺。

山西著名的旅游景点

太行山与吕梁山分别列于省境之东西，汾河纵贯南北。汾河两岸的谷地是我国古代文明的发祥地，古迹名胜多集中于此，为旅游者访古寻胜之处。

1、晋祠

位于太原市西南25公里的悬瓮山下，系晋水发源地。殿宇始建于北魏前，为纪念周武王次子叔虞，故名。后屡经修葺变迁，至北宋时奠定园林布局。晋祠内有"难老泉"和李世民《晋祠三铭并序》碑。

2、云岗石窟

位于大同市西南16公里之武周山南麓，沿着当地侏罗纪的砂岩地层凿石造像，东西延绵1公里。现存洞窟53个，佛像51000余尊。始建于北魏兴安二年。

3、九龙壁

位于大同市内的东街。原是明代朱元璋第十三子朱桂代王府前的照壁，建于明洪武二十五年。府邸于明崇正末年毁于兵焚，而照壁保存至今。壁体长45.5米，高8米，厚2.2米，是我国现存最大的九龙壁。全壁由黄、绿、赭、紫、蓝诸色的琉璃构件拼砌而成。

4、五台山

在山西省东北部，东北——西南走向，长百余公里，由古老结晶岩构成，峰顶平缓，如垒土之台，故称五台。五台之中北台最高，海拔3058米，素称"华北屋脊"。山中气候寒冷，每年四月解冻，九月积雪，盛夏无炎暑，又称"清凉山"。五台山为我国四大佛教名山。

5、应县木塔

佛宫寺释迦塔俗称应县木塔，在山西应县城佛宫寺内。建于辽代清宁二年，即公元1056年。塔平面呈八角形，外观五层，夹有暗层四级，实为九层。总高67.13米，底层直径30米。是国内外现存最古老最高大的木结构塔式建筑。

6、悬空寺

悬空寺始建于北魏太和十五年（公元491年），据说是一位叫了然的和尚所建。金、明、清均有重修，现为明清建筑风格，是国家级重点文物保护单位。

整个建筑具有险、奇、巧的特点，共有楼阁40余间，从低到高三层迭起，最高处三教殿距峡谷深处的高度曾为90余米，由于1500余年峡谷河床沙石沉积，现高度仅为45米，但站在三教殿仍有身临险境的感觉。这座纯木构建筑，瞩目远望，仿佛是一幅玲珑剔透的浮雕，大有凌空欲飞之势，鬼斧神工，令人叹为观止。

河北著名的旅游景点

河北省地处京畿，濒临渤海，古迹名胜较多。燕山山脉横贯北陲，太行山脉纵列西侧，自然风光，亦蔚然壮观。

1、避暑山庄

在河北省承德市，有一座我国现存最大的园林——避暑山庄，几乎占了承德市区的一半，比北京的颐和园大了将近一倍，占地面积达564万平方米，宫墙周长约20公里。由于拥有这样一座宏伟而美丽的园林，以及园外几座汉、蒙、藏等不同民族风格的寺庙，承德市已成为我国北方著名的旅游城市。

2、北戴河海滨风景区

位于秦皇岛市西南15公里。景区南临渤海，北倚联峰山，西起戴河口，东至鹰角石。东西向长约10公里，南北向宽约2公里。

3、山海关

位于秦皇岛市东北15公里。明洪武十四年，大将徐达在此构筑长

城，建关设卫。此处北依燕山，南临渤海，地势十分险要，为华北与东北间的咽喉要冲，历来是兵家必争之地。

在城东门，城楼雄踞关上，高13米，宽２０米，深１１米。外檐衍枋，饰以彩绘，楼匾上题"天下第一关"。

4、狼牙山

狼牙山地处河北省易县西南部，距离县城约45公里，海拔１１０５米。因其山势险峻酷似狼牙，峰顶直刺云天，故称狼牙山。狼牙山风景秀丽，"狼山竞秀"为易县十景之一。

狼牙山东西、南北约长１５公里，面积为225平方公里。它有"五坨三十六峰"，主峰莲花瓣海拔1105米，西北两面均为峭壁悬崖，山势险峻，东南两面稍缓，各有一条羊肠小路通向主峰"阎王鼻子"、"小鬼脸"等险要之处非贴壁不可逾越。离山顶１００米处有一小片开阔地，开阔地南面山崖旁有一棵古松，松下有一块巨石上面刻有棋盘，故称"棋盘坨"，相传为神仙之遗物。

5、白洋淀

白洋淀位于保定市东约45公里，是华北平原上最大的淡水湖，河淀相连、沟壑纵横，苇田星罗棋布，成为中国特有的一处自然水景区风光。白洋淀是一个颇有特色的旅游区。白洋淀被36个村庄和12万亩芦荡分割成大小不同的146个淀泊，最大的2万多亩，最小的180亩，由3700多条沟濠、河道，把这些淀泊串联成一座巨大的水上迷宫。

白洋淀水域辽阔，风景秀丽，气候宜人，是河北省避暑胜地。这里四季景色分明，水光天色，美不胜收。

6、清东陵

清东陵坐落在河北省唐山市的遵化市境内，距离北京市区125公里，据说是顺治到此打猎时选定的，康熙2年开始修建。陵区南北长125公里、宽20公里，四面环山，正南烟炖、天台两山对峙，形成宽仅50公尺的谷口，俗称龙门口。

内蒙古著名的旅游景点

内蒙地处北国边疆，为蒙古族同胞聚居之地。旅游景点，具有浓厚的蒙古族历史文化的特点。

1、呼和浩特

蒙古语意为"青色的城"。内蒙古自治区首府，中国历史文化名城。市区绿树成荫，空气清新，召庙林立，古迹众多。主要有明代大召、清代五塔寺、清真大寺、席力图召、乌素图召、万部华严经塔、昭君墓等。

2、大召

蒙古语为"伊克召"，位于呼和浩特市区旧城大南街。原为明隆庆年间，受封顺义王 阿勒坦汗所建的寺院，旧称弘慈寺、无量寺。又因佛殿内供奉有高2。55米银铸释迦牟尼像，俗称银佛寺。殿前的汉白玉方形石屋上，有明代铸造的一对空心铁狮子。另有山门、过殿、东西配殿和九间楼等保存完好的建筑，清康熙年间曾扩建，大殿改覆黄琉璃瓦。召庙前有号称"九边第一泉"的玉泉井。

3、金刚座舍利宝塔

通称"五塔寺"。位于市区旧城。原为慈灯寺后的一座建筑，寺毁塔存。建于清乾隆年间，通高16。5米。塔座为拱门方形高台，上有五座彩色琉璃砖砌宝塔，中塔最高为8。65米。塔表雕刻佛像、七珍八宝图案，并刻有梵、藏、蒙古文金刚经。五塔结构独特，造型优美，雕刻精巧。

金刚座后北墙南面嵌雕有三幅图：西为六道轮回图，中为须弥山分布图，东为国内唯一的蒙古文字刻成的天文图。将军衙署：位于市中心，是清朝一品封疆大吏绥远城大将军的办公住所。始建于清乾隆二年，有房屋132间，占地面积16355平方米，是我国现存同类衙署中保存规模最大、现状最好、规格最高的武官衙署。

4、昭君博物院

位于呼和浩特市区城南9千米的大黑河畔，又名"青冢"，是西汉促进北方各 民族团结的名女王昭君之墓。墓冢是一座用人工夯筑的高达33米的巨大土丘。墓前建有凉亭，墓顶端筑有石亭、石质桌凳。墓院内青松垂柳、花草繁茂，王昭君和呼韩邪单于的塑像赫然在目。墓丘两侧有文物陈列馆，古代留下的石碑、石碣，整齐地排列在墓前。如今的昭君墓周围苍松林立、凉亭精巧，是景色秀丽的游览胜地。

5、莫尔道嘎国家森林公园

位于内蒙古东北部，大兴安岭西麓，面积5780平方千米，是我国占地面积最大的森林公园。由龙岩山、翠然园、原始林、激流河、民俗村、界河游6大景区组成。园区南临呼伦贝尔大草原，北接中俄额尔古纳界河，独具北国特色，保存着我国最后一片寒温带明亮针叶原始林。山峦起伏、古林参天、植被丰富、溪流密布，处处展现幽、野、秀、新的风采。

主要景观由龙岩览胜、大汗平吊、红豆坡、偃松幽径、鹿道、一目九岭、翠谷流云、熊谷、林海听涛、九曲松风、美人湖、苍狼白鹿岛等。呼伦贝尔草原：位于内蒙古东北部，大兴安岭西麓，是我国最佳天然大牧场。

6、呼伦湖

蒙古语称达赉诺尔，意为"海湖"。位于呼伦贝尔市西部。有克鲁伦河和乌尔逊河注入，面积2315平方千米，为半咸的内陆湖。春夏季，世界珍禽红嘴天鹅，自印度洋、南非北上，历尽艰辛迁徙至此，湖滨芦苇丛中，鸿雁欢鸣嬉戏，富有天然野趣。湖中生产鱼类30余种，有"水有多深，鱼有多厚"之说。

7、秀水

位于扎兰屯市北2千米的羊鼻梁山下。山上松桦茂密，山巅奇峰异石，山谷溪泉众多。雅鲁河流经此时，便进入平川地带，河中有众多小岛，大小形状不一，岛上水柳丛生，河水深而清澈，流而不急，夏日树荫蔽日，水旁山花盛开，被誉为"内蒙古小杭州"。

8、成吉思汗陵

位于内蒙古伊金霍洛旗东南15千米的甘德尔山侧，为元太祖成吉思汗的陵墓。原在达拉特旗王爱召，清初移此。1939年为防日寇蒙奸劫持陵寝，灵柩先移甘肃兴隆山，后迁青海塔尔寺，1954年春迎回伊金霍洛旗并建新陵。

伊金霍洛蒙古语意为"主人陵园"。陵园由正殿、寝宫、东殿、西殿、东廊、西廊等组成。正殿高约26米，殿内有成吉思汗坐像，高5米，英武威严。四壁雕饰有山、水、草、畜等图案。殿后寝宫内安放着成吉思汗及其夫人的灵柩，前竖三个"苏鲁锭"，象征战神，旁列成吉思汗生前所用马鞍、宝剑等物。整个陵寝庄严肃穆，气势宏伟。

华东地区著名的旅游景点

上海著名的旅游景点

1、人民广场

人民广场位于上海市中心的人民广场面积达14万平方米,过去为全市人民游行集会的场所,可容纳120多万人。经过多次改造后,人民广场已成为融文化、绿化、美化为一体跨世纪的上海政治文化中心。

2、上海大剧院

上海大剧院占地11528平方米,建筑总面积为70000平方米,建筑总高度40米。整个建筑地下2层,地面6层,顶部2层,共计10层。剧院

内共有三个剧场：一个1800座位的大剧场，用于上演芭蕾、歌剧和交响乐，主剧场舞台由一个728平方米的前舞台、一个360平方米的后舞台和两个257平方米的侧舞台组成，带有舞台平移、升降、旋转、乐池升降和电动布景吊杆等设备，是亚洲最大、世界上最先进的舞台之一。600座的中剧场、供室内乐演出；200座的小剧场，供话剧、歌舞剧表演。还有12个大小不等的排练厅、练功房和各类制景室、化妆间以及宴会厅、文化展示厅、马克西姆咖啡厅、地下车库等辅助设施。

3、上海博物馆

上海博物馆始建于1952年12月，是国内外著名的中国古代艺术博物馆。1996年10月12日，新馆建成，建筑高度29。5米，建筑造型为方体基座和巨型圆顶及拱形出挑相结合，寓意"天圆地方"。

上海博物馆建馆以来，通过各种途径收集各种珍贵文物12。3万余件，包括青铜器、陶瓷、书画、玉器、钱币、甲骨等21个门类。上海博物馆现有11个专题陈列馆、1个捐赠文物专馆、3个展览厅，实际陈列面积为12000平方米上海博物馆采用了先进的消防安保设施、电化教育设施、文物图书资料电脑管理和楼房自动化管理系统。还有为游客服务的多媒体导览、咨询系统、大屏幕电视、八国语种的无线录音导游等设施，为国内外游客提供一流参观环境，是上海高文化品位的标志。

4、外滩

外滩面对开阔的母亲河——黄浦江，背倚造型严谨、风格迥异的建筑群。由于其独特的地理位置及近百年来在经济活动领域对上海乃至中国的影响，使其具有十分丰富的文化内涵。外滩的江面、长堤、绿化带及美轮美奂的建筑群所构成的街景，是最具有特征的上海景观。自今延安东路至外白渡桥附近，延宽广的中山东一路，并列着一幢幢具有西欧古典风格的大楼，由于它们气派雄伟，庄重坚实，装饰豪华，色调和谐，线条挺拔，有错落有致，形成一派巍峨壮观的建筑风景线，被誉为"凝固的音乐"。

这26幢大楼建造于本世纪20、30年代。凝聚着各国著名建筑设计师和中外能工巧匠的心血，是他们智慧的结晶，是人类建筑史上一份宝贵的财富，有着"万国建筑博览会"之称。

5、豫园

位于上海南市城隍庙侧，可分为六个景区。豫园的围墙，上饰游龙蜿蜒起伏，把园林30多亩的地方分隔成不同的景区，以虚隔作幛景，似隔非隔透出园林丰富的景层，成为豫园内一大特色。毗邻豫园的城隍庙，原为一座古庙。光绪年间，在庙前后逐渐聚集了不少江湖艺人，加上附近开设有不少茶馆、食肆，这一带变得异常热闹，极富地方色彩。

6、南浦大桥

南浦大桥是上海市区第一座跨越黄浦江的自行设计、建造的双塔双索面迭合梁斜拉桥。全长8346米，主桥长846米，跨径423米，通航净高46米，桥下可通行5.5万吨巨轮。它是目前世界上第四大双塔双索面斜拉桥，呈"H"形的主桥塔高150米。主桥设有6条机动车道，桥面总宽为30。35米，两侧各设2米宽的人行道，游人可乘坐电梯到达主桥，一览浦江两岸无限风光。

7、杨浦大桥

杨浦大桥是继南浦大桥之后又一座跨越黄浦江的自行设计、建造的双塔双索面迭合梁斜拉桥。于1993年10月竣工通车，她与南浦大桥遥相呼应，是内环线高架连接浦东与浦西的过江枢纽，总长为7654米，跨径为602米，主桥长1172米、宽30.35米，共设6车道。杨浦大桥为双塔双索叠合梁斜拉桥。呈倒"Y"形的主桥塔高208米。

8、黄浦江游览

黄浦江游览,是上海旅游中的一个重要的传统旅游节目,它不仅在于黄浦江是上海的母亲河,代表着上海的象征和缩影,还在于浦江两岸,荟萃了上海城市景观的精华,从这里你可以看到上海的过去、现在,更可以展望上海的灿烂明天。

9、东方明珠

在外滩对面的黄浦江边,矗立起一座亚洲第一、世界第三的广播电视塔,她犹如一串从天而降的明珠,散落在上海浦东这块尚待雕琢的玉盘之上。在阳光的照射下,闪烁着耀人的光芒,成为上海新的标志性建筑。

10、陆家嘴中心绿地

占地10万平方米的中心绿地位于延安东路隧道出口处,在陆家嘴金融中心区的核心部位,是上海规模最大的开放式草坪。湖畔的景观蓬主桅杆高28米,蓬形为白色的海螺,又像船帆,给人以无限遐思。

绿地进口以"春"为主题的塑像,由8朵绽放的钢结构"鲜花"组

成。蜿蜒在绿地中的道路，勾勒出上海市白玉兰花的图案，恰似一幅上海市市标，白玉兰的中间，是8600平方米的中心湖，设计成浦东地图版块的形状。

陆家嘴绿地的草皮面积6.5万平方米，有的是从欧洲引进的冷季型草，四季常绿。绿地中央和北部点缀着垂柳、白玉兰、银杏、雪松等花、灌木、乔木类植物，充满着生机和活力。

11、滨江大道

采用了具有层次的立体设计，在铺满鲜花绿草的坡地顶部，人们可以站在较宽敞的平台上一览浦西外滩气度不凡的美景。在滨江大道富都世界段，一个由旧码头改建的游艇码头独具情趣，码头上竖立了一个引人注目的巨大铁锚和建造几个缆桩。由百余个喷水头组成的巨大喷水池中安装了彩灯，在夜色中大放光彩。

12、金茂大厦

金茂大厦位于上海浦东新区陆家嘴金融贸易区黄金地段，与著名的外滩风景区隔江相望。金茂大厦由中国上海对外贸易中心股份有限公司投资建造、管理，美国芝加哥SOM建筑事务所设计。

金茂大厦高度为420.5米，是目前世界第三、中国第一高楼，占地面积2.3万平方米，地上88层，地下3层，裙房6层，总建筑面积29平方米。大厦里有办公楼、金茂凯悦大酒店、观光厅等等。金茂大厦既有现代气派，又有民族风格，堪称上海迈向21世纪的一座标志性建筑。

13、国际会议中心

上海国际会议中心位于浦东滨江大道，与外滩隔江相望，与东方明珠一起组成小陆家嘴地区的一道著名的景观。现代化的会议场馆，4300平方米的多功能厅和3600平方米的新闻中心以及各种大小规格的会议厅及会场近30个可以充分满足各类会务的需要，中心还拥有各式各样的豪华宾馆客房，高级餐饮设施和舒适的休闲场所等。

14、世纪大道

世纪大道西起东方明珠电视塔，东至世纪公园，全长5公里，是中国第一条景观道路。世纪大道总宽度为100米，含31米双向六快二慢的主机动车道和6米宽的机动车辅道，主道和辅道间有绿化隔离带。

世纪大道的景观设计采取非对称性断面形式，在大道北侧人行道上布置了八处游憩园；在崂山路西和扬高路路口设置了两处雕塑广场，以及休闲小品、艺术画廊等等。

15、古猗园

古猗园位于上海市嘉定县南翔镇。始建于明代，距今已有400多年历史。园内有精致的亭台楼阁，茂雅的小轩长廊，石径曲水，盘槐古树，四季名卉，别具风格。是上海市郊游览胜地。

16、大境关帝庙

大境关帝庙位于南市区大境路。原是上海城墙西门北城箭台，明朝万历年间建庙以供关帝，后几经重修。现为上海市文物保护单位。

17、静安寺

静安寺位于上海市南京西路1686号。向为著名江南古刹。据碑志，建于三国吴大帝孙权赤乌十年，创始人为康僧会。寺址原在吴淞江北岸，初名沪渎重元寺，唐代一度改名永泰禅院。北宋大中祥符元年始改名静安寺。南宋嘉定9年因寺址逼近江岸，昼夜受江水冲击，寺基有倾圮之危，住持仲依乃将寺迁至芦浦沸井浜一侧，即现今寺址。

18、玉佛禅寺

坐落在市区北侧的安远路、江宁路口。玉佛寺建于1918年，是一座仿宋殿宇建筑，布局严谨，结构谐调，气势宏伟。寺内中轴线上，依次为天王殿、大雄宝殿、玉佛楼，左右两侧有卧佛堂、观音殿、铜佛殿和斋堂，错落有致。每逢初一、十五或佛教传统节日，善男信女，三皈居士，接踵而至。院内香烟飘镣，福烛高照，都市风光中的丛林名刹，别有一景。

19、龙华寺

龙华寺是上海地区历史最久，规模最大的古刹，距今已有1700多年历史，按佛经上弥勒菩萨在龙华树下成佛的记载而定名为龙华寺。现今龙华寺的殿宇大部分属清同治、光绪年间的建筑，并保持了宋代伽蓝七堂制的格式。占地达2万余平方米。建筑面积为5219平方米。沿中轴线长194米，依次排列着弥勒殿、天王殿、大雄宝殿、三圣殿、方丈室和藏经楼等六进殿堂。

安徽著名的旅游景点

江淮横贯省境东西，淮北平畴，一望千里；江南山峦连绵，群峰耸翠，碧水回环，景点集中，极富天然情趣。

1、琅邪山

琅邪山，位于滁州市西南。因东晋琅琊王即元帝避难于此得名，海拔317米。层峦叠嶂、曲径幽泉、林壑幽美、琳宫梵宇、隐伏山间，有"蓬莱之后无别山"之誉。山中有琅琊寺、醉翁亭、无梁殿等古迹和摩崖碑刻数百处，以及归云洞、石上松等胜迹。

2、天柱山

在潜山县境内，系霍山山脉之主峰。主峰天柱峰，海拔1485米，群峰兀立、石骨嶙峋、陡如层塔、奇峭险峻、直插天表，有"峰无不奇、石无不怪、洞无不杳、泉无不吼"的美誉。四周有飞来、天狮、莲花、观音、黑虎等峰，危崖罗列，怪石嵯峨；奇松秀竹、飞瀑流泉遍布谷间，雾海云烟苍茫无际、瞬息万变，雄、奇、灵、秀兼而有之。

3、九华山

在安微省青阳县西南，旧名九花山，因有九峰，形似莲花，故名。由花岗岩构成。主峰十王峰海拔1342米，素有"东南第一山"之称。有东岩、回香阁等名胜，是我国四大佛教名山之一，故有"佛国仙城"之称，现已辟为游览区。

4、黄　山

黄山位于安徽省黄山市西北风景秀丽的皖南山区，向以"三奇"、"四绝"名冠于世，其劈地摩天的奇峰、玲珑剔透的怪石、变化无常的云海、千奇百怪的苍松，构成了无穷无尽的神奇美景。黄山1990年被列入"世界自然文化遗产"名录。

5、八公山

八公山又名北山，位于安徽省寿县城北2.5千米，是中国七大古城墙之一。历史上淝水之战的古战场，"风声鹤唳，草木皆兵"的典故即指此。也是"一人得道，鸡犬升天"神话传说的发生的。八公山景色秀美，有珍珠泉、玛瑙泉等24泉和淮南王庙、碧霞元君庙等古建筑及多处古墓葬等。

6、采石矶

在马鞍山市西南7公里翠螺山麓，与南京的燕子矶，岳阳的城陵矶合称为"长江三矶"。

7、排云亭

位于黄山的西海，每当夕阳西斜，层峦尽染，气象万千，是观赏

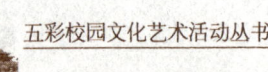

云海的绝佳之处。

8、巢湖

巢湖也称焦湖。位于合肥市南，湖成鸟巢状，故名。是我国第五大淡水湖，面积800平方千米，三面环山，一面临田，山秀田翠，秀美怡人，水天一色，古人曾赞叹"太湖淡雅西湖媚，未若巢湖气象雄"。

9、清凉台

位于黄山的北海，凌晨可来此看壮观的云海日出，附近的"石猴观海"，远处的"两仙下棋"、"十八罗汉拜观音"等惟妙惟肖。

10、逍遥津

位于合肥市东北隅，古为肥水上的津渡，现为公园。公元215年曹操大将张辽击败孙权大军于此。湖中小岛上有张辽衣冠冢。湖东南有教弩台，传为曹操训练弓箭手之处。

11、屯溪老街

位于黄山市区，为保存完好的古老街道，长约1500米。在整洁迂回、纹理如画的青石板路两旁，清一色的黛黑马头墙、青瓦白墙的房舍、楼阁旖旎相连，犹如一幅动人的水墨图画。

山东著名的旅游景点

山东地踞渤海、黄海之臻，黄河横贯，峰峦起伏，东岳泰山，久闻于世。早在公元前2000多年，齐、鲁诸国，在此创建。留下了很多的古代文明遗迹，名胜古迹。

1、泰山

位于山东省中部，京沪铁路东侧，绵亘济南市与泰安、历城、长清三县之间，长约200公里。成山于太古代，为片麻岩和花岗岩构成的断块山地，古称"东岳"，亦称岱山、岱宗。主峰玉皇顶，海拔1524米，次于华山和恒山，居五岳第三位。古以东方为万物交替、初春发

生之地,故有"五岳之长"、"五岳独尊"的称誉。山峰突兀峻拔,雄伟壮丽,有南天门、日观峰、经石峪、黑龙潭等名胜古迹。泰山是我国山岳公园之一,又是天然的历史、艺术博物馆。

2、曲　阜

曲阜是我国古代著名的思想家、教育家孔子的故里,自汉以来,历代帝王都尊孔,因此曲阜成为圣地,留下许多重要的古迹,现今则成为旅游胜地。主要是孔庙、孔府及孔林三处。

3、蓬莱阁

位于蓬莱县城北一公里的丹崖山之巅。面对渤海出口,殿阁凌霄,云烟缭绕,素有"仙境"之称。

4、青岛

青岛市的地势为北部海拔较高,由北向中部和西部逐渐降低,东南沿海地区和胶州湾沿岸地区地势较低,青岛北部及东南部主要是山地和丘陵，崂山山地就在此，该山脉越胶州湾伸向胶州、胶南境内。

崂山是道教名山，崂顶为全山最高处，海拔1133米，也是青岛市最高的山峰，在全省居第二高度，仅次于泰山顶峰，是我国沿海诸山中最高的山峰。

5、寿丘少昊陵

寿丘离曲阜城中7公里左右，相传是轩辕黄帝的出生地，现有龟趺碑等纪念遗迹。少昊是黄帝之子，三皇五帝中五帝之一，相传葬于寿丘。宋时对少昊陵进行了大修，建成一金字塔型陵墓。

6、威海

位于山东半岛东部、黄海之滨的一颗璀璨的明珠，与韩国隔海相望，是我国距韩国最近的地区。是国务院批准的沿海经济开放城市，拥有国家一类对外开放港口到到到石岛港。

威海总面积一千三百多平方公里，人口七十万，海岸线总长达到一千多里。三面环海，气候温和，风光秀丽，名胜古迹众多。成山头、桑沟湾、石岛、槎山四大风景区绚丽多姿，各具特色，构成千里海岸旅游线，每年都吸引着大批国内外客人游览观光。

江苏著名的旅游景点

江苏省地处长江下游，东临黄海。境内河道纵横，湖泊密布；平丘缓岗，山林叠翠。特别是沿江两岸，名胜古迹星罗棋布，一向为中外旅游者所瞩目。

1、中山陵

位于南京市东郊钟山之南麓，是我国伟大的革命先行者孙中山先生陵墓所在地。

2、灵谷寺

位于钟山之东南麓，为钟山重要景点之一。原寺是南朝梁代时建于钟山西南麓独龙阜之下，后因明太祖朱元璋选作墓地，迁至现址，当时规模宏大，有僧千名，占地33.33公顷。现所见的寺址，系清同治年间的龙王庙改建。

3、灵谷塔

1929年建成中山陵墓后，在灵谷寺之后建国民革命军烈士纪念塔，塔高60米，9级塔身。

4、明孝陵

在中山陵之西约1公里处，钟山南麓。独龙阜玩珠峰之下。为明太祖朱元璋与马皇后的合葬墓。始建于明洪武十四年，完工于洪武十六年。但整个陵园的建筑群，直到永乐十一年才告结束。1961年列入国务院公布的第一批国家文物保护单位。

5、梅花山

位于明孝陵之前，山下原是三国时孙权和他的夫人步氏及后妻潘氏的墓地，故又称孙陵岗、吴王坟，今已湮没。而在山麓建巨大的孙权石像及十几块有关孙权生平事迹的画像，作为纪念。

6、紫霞湖与正气亭

位于明陵东北侧，系紫霞洞之下的山涧中筑堤堵流而成，水清透明，久旱不涸。

7、玄武湖

位于南京市东北，玄武门外，紧偎市区。面积472公顷，其中陆地1公顷，水面368公顷，环湖周长10公里有余。由于湖区在钟山北麓，九华山、北极阁又与之毗邻，故表现为南京的山、水、城三者协调构筑的风光特色。

8、莫愁湖

位于南京市水西门外，靠近秦淮河，水陆面积46.66余公顷，周长5千米。莫愁湖的形成，是长江与秦淮河交汇淤积的结果，迄今约1000多年。相传南齐时，洛阳少女莫愁远嫁到建康?穴南京?雪卢姓

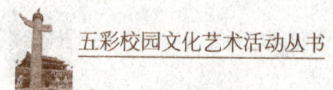

家，居此而得名。

9、瞻园
位于南京市区瞻园路上，与太平天国博物馆毗邻。占地8000多平方米，原为明代开国功臣徐达的府第西花园。

10、煦园
在南京市区长江路的原国民政府总统府内，原是明初汉王府的西花园，明永乐二年明成祖先核次子朱棣高煦在此建王府，故称煦园。清代成为总督署。1853年3月，太平天国定都南京，煦园又成为天王府的西花园。

11、雨花台
位于南京市中华门外。当地岗峦起伏，海拔60米左右。又名梅岗，东晋时梅颐将军屯兵于此而得名。

12、夫子庙
夫子庙与秦淮风光带位于南京市城南贡院西街一带。夫子庙是供奉我国古代思想家、教育家孔夫子的殿宇。始建于宋景佑元年，后多次重修，自1984年以来，以此为中心，营造了一大批古建筑群，形成秦淮风光带。

13、中华门城堡
位于南京市南边，原是明代的聚宝门。因门对聚宝山?穴即今之雨花台而得名。南接秦淮河上的长干桥，北接内秦淮河上的镇淮桥。

14、栖霞山
位于南京市东北太平门外22公里处。濒临长江，青峰连绵，山高440米，周围17千米。是南京郊外的重要游览胜地。乾隆皇帝到此游憩以后，曾题诗赞称"第一金陵明秀山"。

15、栖霞寺
早在南齐时，隐士明僧绍居此，后捐献宅第改建为寺庙，名曰

"栖霞精舍"，山名即由此而来。其后，寺宇多次毁坏，又多次重建。现存的栖霞寺是1919年重建，1979年修整的。

16、千佛岩

位于栖霞寺后侧，为石窟造像之处。计佛龛294个，佛像515尊。开创于南齐永明二年，迟于大同的云岗石窟，而早于洛阳的龙门石窟，但因年久风化剥落，原佛的面貌已很少见到，成为残缺的古迹，但仍具有重要的历史价值。

17、镇江三山

（1）金山。位于镇江市之西北，因唐代僧人裴头陀在此获得黄金数镒而得名。一座孤山，周长520米，海拔60米，兀立于冲积江岸之上，三面濒临长江，一面连接陆地。金山寺，即江天禅寺，是主要的游览景点。

（2）焦山。位于镇江市之东北，长江之江心。山高70米，满山苍翠，宛如碧玉，浮现于江水之上，故又名浮玉山。因东汉末年，焦光隐居于此，故名。今在山之西北麓，尚存三诏洞，为焦光当年之居所，皇帝曾三次下昭，请他去做官，均遭拒绝。洞内立焦光塑像，作为纪念。山麓的定慧寺及宝墨轩是此间的著名景点。

（3）北固山。位于镇江市北的江边，山高50米，山顶有甘露寺，传为刘备招亲之处。

18、瘦西湖

位于扬州市西郊，紧偎市区。原为长江冲积平原上的废弃河道。南朝以来，辟为游览胜地。

19、平山堂

位于瘦西湖畔蜀岗峰上。系北宋时欧阳修任扬州太守时所建。

20、大明寺

亦在蜀岗上，与平山堂相邻。始建于南朝宋代年间。唐代高僧鉴真大师在此居住并讲学，名气大盛。

21、苏州园林

苏州园林的代表作是"拙政园"。拙政园与北京颐和园、承德避暑山庄、苏州留园并称我国四大古典名园。

浙江著名的旅游景点

浙江省地居东南，濒临东海。山青水秀，物华天宝；文史荟萃，人杰地灵。古迹名胜，驰名中外。

1、宋城

杭州宋城旅游景区位于西湖风景区西南的之江旅游度假区内，北依五云山、南濒钱塘江，是中国最大的宋文化主题公园。城内斗拱飞檐、车水马龙，精彩丰富的民俗活动和气势恢宏的大型歌舞《宋城千古情》，再现了宋代都市的繁荣景象。

2、乌镇

乌镇地处浙江省桐乡市北端，西临湖州市南浔区，北界江苏苏州

吴江市，为二省三市交界之处。乌镇原以市河为界，分为乌青二镇，河西为乌镇，属湖州府乌程县；河东为青镇，属嘉兴府桐乡县。它是一个典型的南方秀丽小城，是许多旅游者趋之若鹜的一处游玩圣地。

3、西湖

西湖位于杭州市中心，旧称武林水、钱塘湖、西子湖，宋代始称西湖。湖面南北长3.3公里，东西宽2.8公里，水面原面积5.66平方公里，包括湖中岛屿为6.3平方公里，湖岸周长15公里。水的平均深度在2.27米左右，最泞处有5米多，最浅处不到1米。如今伴随着"西湖西进"扩大为6.5平方公里，基本达到了300年前西湖的面积。

4、钱塘江

钱塘江是我国浙江省第一大河，发源于安徽省黄山，流经安徽、浙江二省，古名"浙江"，亦名"折江"或"之江"，最早见名于《山海经》，是越文化的主要发源地之一。

河流全长688千米，流域面积5.56万平方千米，年均流量442.5亿立方米，河口潮汐水力资源理论蕴藏量为472万千瓦特。新安江与兰江是钱塘江的源头，于上海市南汇区和宁波市、舟山市嵊泗县之间注入东海，其中杭州附近河段，称为"之江"或"罗刹江"。钱塘江潮被誉为"天下第一潮"。

5、千岛湖

千岛湖位于浙江省杭州西郊淳安县境内。它是国务院首批公布的44处国家级风景区之一，也是目前国内最大的国家级森林公园。它是1959年为建造新安江水电站而筑坝蓄水形成的人工湖。

因其山青、水秀、洞奇、石怪而被誉为"千岛碧水画中游"。湖区面积573平方公里，湖中拥有形态各异的大小岛屿1078座，平均水深34米，能见度9到14米，属国家一级水体，被原新华社社长穆青赞誉为"天下第一秀水"，整个湖区分为东北、东南、西北、西南、中心五

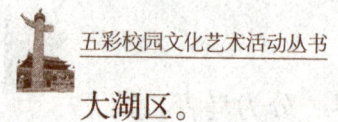

大湖区。

6、普陀山

普陀山是著名的观音道场,与五台山、峨眉山、九华山并称为佛教四大名山。它位于浙江省东部,是舟山群岛中的一个小岛,全岛面积12.5平方公里,形似苍龙卧海,有"海天佛国"、"南海圣境"之称。

岛上自五代后梁时期开始建庙,至南宋时,佛寺已经大盛。其中以善济、法雨、慧济三大寺最有名,建筑宏大,十分壮观。

7、大明山

大明山位于临安西部顺溪镇,许多古迹都伴随着美丽的民间传说。山中多奇峰怪石,有"和尚取经"、"金蟾望月"、"龟豹鲸"等,造型各异,维妙维肖。

8、灵峰山森林公园

灵峰山森林公园位于浙江省安吉县县城西南6公里处,属安吉竹乡国家森林公园灵峰景区,总面积155公顷。灵峰山属于天目山支脉,山形很象一把坐北朝南的太师椅,四平八稳,古人称"风水宝地"。

9、天荒坪

江南天池天荒坪处于浙江省天目山北麓的安吉县境内,位于海拔近千米的天荒坪,在翠竹簇拥、群山环抱之中,它以亚洲第一、世界第二的天荒坪抽水蓄能电站为依托,将雄伟的电站建筑与秀丽妩媚的自然风光结合,成为了安吉生态旅游中的一道亮丽的风景线。

10、西施故里

西施故里旅游区是绍兴地区唯一的国家级风景名胜区——浣江五泄国家重点风景名胜区的重要组成部分。主要以西施文化为主题,充分展示古越文化和故里风情,该区域将建设成为一处自然风光优美、文化内涵丰富、游览设施健全、经济效益良好、具有时代活力的风景游览胜地。

江西著名的旅游景点

1、庐　山

位于江西省北部，耸立于鄱阳湖、长江之滨，东北——西南走向，长约25公里，宽约10公里。汉阳峰海拔1474米，与香炉、五老等峰对峙。著名胜迹有白鹿洞、仙人洞、三迭泉、含鄱口等，是休养、旅游胜地。

2、甘棠湖

位于九江市内，面积有18公顷，湖心烟水亭，又名浸月亭。相传是三国时周瑜点将台的旧址，湖为当时准备赤壁之战训练水师的场所。

3、石钟山

位于鄱阳湖与长江汇流的湖口县城之北。石山高仅30米，临江而立，溶洞天成，江涛拍岸，发出如钟响之声，因而得名。

4、滕王阁

位于南昌市沿江路上的赣江边，为江南三大名楼之一。唐太宗之弟滕王李元婴都督洪州?穴南昌?雪时，于永徽四年建阁，即以其封号为名。

5、龙虎山

龙虎山位于江西省鹰潭市郊西南20公里处，原名云锦山。东汉中叶，道教创始张陵在此炼丹，"丹成而龙虎现，山因得名"，龙虎山因而也成为中国道教发祥地。自张陵以后，道教天师在这里承袭了63代，历1900年，是我国一姓嗣教时间最长的道教，有北孔南张之称。

6、鄱阳湖

鄱阳湖是一个古老的断陷湖盆，约1.35亿年前沉陷成巨大的盆地，距今六七千年前积水成为湖泊。由于历史上长江改道及人类的活动，大量泥沙沉积湖中，导致湖面不断缩小。鄱阳湖汇集了赣、抚、饶、信、修五河之水，再外泄入长江干流。随水量变化，鄱阳湖升降幅度较大，具有天然调节水量、蓄洪的功能。

鄱阳湖南北长173公里，东西最宽处达74公里，平均宽16.9公里，湖岸线长1200公里，湖体面积3283平方公里，平均水深8.4米，最深处25.1米左右，容积约276亿立方米，是我国最大的淡水湖泊。

7、仙女湖

仙女湖位于江西省新余市西南郊16公里处，是古籍《搜神记》中记述的"仙女下凡"传说的发祥地，是闻名遐迩的湖泊型国家重点风景名胜区，属亚洲最大的亚热带树种基因库。198平方公里的景区，50平方公里的湖面，岛屿星罗棋布，湖水清澈见底，原始森林神秘诱人。仙女湖自然风光秀美朴实，具有"幽、秀、奇、雄"之特点，景区兼具湖泊型和山岳型两大类型。

8、通天岩

赣州市通天岩风景名胜区是全国重点文物保护单位，国家AAAA旅游区。景区已通过ISO9001国际质量管理体系认证和ISO14001国际环境管理体系认证，是全省"文明、优质、安全示范景区"。

9、梅 岭

梅岭风景区位于南昌市西郊。山势嵯峨，层峦叠翠，四时秀色，气候宜人。素有"小庐山"之称。梅岭原名飞鸿山，早在汉朝初年，就辟有驿道。西汉末年，南昌县尉梅福为抵制王莽专政，退隐西郊飞鸿山。后人纪念他的高风亮节，在岭上建梅仙坛，岭下建梅仙观，改飞鸿山为梅岭。

福建著名的旅游景点

东濒台湾海峡、西界武夷山脉，山海辉映，千峰竞秀，万壑争流。临海岩岸，曲折离奇，一派南国风光，美不胜收。

1、鼓浪屿

在厦门的西面，隔海约700米处的一座小岛，面积只有1.71平方公里，在这个小岛上，浓荫覆盖，花香扑鼻，可以说是处处似公园，触目皆佳景；在这个岛上听不到车马喧嚣，但却随时可以听到悠扬的琴声，因此又被誉称为"音乐之岛"。岛上重要的胜景有日光岩、菽庄花园等。

2、南普陀寺

位于厦门市区东南五老峰下，距市中心3公里，因地处我国佛教圣地普陀山之南，故称南普陀寺。该寺始建于唐，清康熙二十三年，靖海候施琅重建，占地3万多平方米，现已有1千多年历史。寺中的建筑依山造势，层层托高，两厢钟鼓楼、左侧新建的慈善楼与右侧普照楼左右对应，雄伟壮观。

3、洛阳桥

又称万安桥，位于泉州市东北郊洛阳江入海处，故得名。是我国第一座海港大石桥，现桥长835米，宽7米，桥墩31座，石亭2座，明清重修碑记12座，桥南有忠惠祠，系纪念蔡襄造桥功劳而建。内有石碑，为蔡襄撰文书写《万安桥记》，桥北有昭惠祠，系奉祀护桥海神

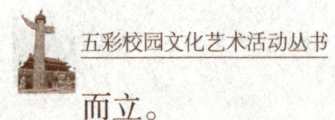

而立。

4、福州鼓山

位于福州市东郊、闽江北岸，离市中心区约8公里，是福州市最著名的风景区。鼓山最高峰海拔925米，山上胜迹众多，林壑幽美，引人入胜。

鼓山的一大特点是摩崖题刻比比皆是，数量达300余处，鼓山刻石，上起北宋，下迄清代以至当代，前后延续近千年，内容丰富，字体隶、行、草、楷俱全，是福建古代石刻最多最集中的地点，堪称福州碑林。

5、武夷山

位于福建省武夷山市的南部，有"奇秀甲东南"之美誉；景区以丹霞地貌为特色，有三十六峰，又有蜿蜒的九曲，徊旋与山间，故有"溪曲三三水，山环六六峰"之说。

台湾著名的旅游景点

台湾是祖国美丽富饶的宝岛，位于我国东南海面上，西隔台湾海峡与福建省相望，东临太平洋，自古以来为中国领土的一部分。名胜有日月潭、阿里山、阳明山、北投温泉、台南赤嵌楼、北港妈祖庙等。（t-38）

1、阿里山

位于台湾嘉义县东北，是阿里山脉中心群峰的总称，包括大武峦山、尖山、祝山，塔山、石水山等１８座山峰。阿里山区是台湾著名天然森林。阿里山风景以大塔山断崖、塔山云海和祝山观日出等最为有名；三代木、姊妹潭、慈云寺、高山博物馆等也很有名。

2、日月潭

日月潭是台湾著名的风景区，是台湾八景中的绝胜，也是台湾岛上惟一的天然湖泊，其天然风姿可与杭州西湖媲美。湖面海拔740米，

面积7.73平方公里，湖周长35公里，平均水深40米。潭中有一小岛名光华岛，其上供奉玄奘舍利子，海拔745米。以此岛为界，北半湖形状如圆日，南半湖形状如一弯新月，日月潭因此而得名。

3、西门町

西门町是台湾的"时尚橱窗"。漫步西门町，满眼都是漂染着各色头发、装束迥异的年轻人。这里汇聚着很多面积不大、设计也并不堂皇的小店，其服装前卫大胆，款式奇异怪诞，代表着日本、韩国的最新潮流，因此逛、购者济济一堂。

4、台北故宫博物院

台北故宫博物院位于阳明山脚下，背山面溪，落成于1965年8月。博物馆内共收藏、展出1000多年来宋至清历朝皇帝收集的稀世珍品70万件，价值连城的极品更是数以千计，如铜器中的西周毛公鼎、散氏盘；玉器中的翠玉白菜、辟邪雕刻；书法中的王羲之《快雪时晴帖》；颜真卿、宋徽宗书法手迹；画卷中唐至清历代名家的代表作；

瓷器中的宋、明、清名窑名家亲制品，官窑制御用艺瓷等,还有大量为目前有关当局秘而不宣的国宝级文物。

5、淡　水

淡水，是一个充满历史的小镇。它早在1858年就开港通商，是台湾北部最早开发的港口。今日的淡水镇，商旅船舶的热络景象虽已不再，但走在淡水街道上，一座座红色的陈年洋楼，闽式、日式的旧建筑，仿佛都在诉说着小镇的悠悠往事——从300多年前西班牙人进占、后来荷兰人入侵、清朝的统治，到日据时代的一段段历史旧事。

6、太鲁阁

地处台湾东部花莲县的太鲁阁，以峡谷景观闻名。沿着立雾溪的峡谷风景线行，触目所及皆是峭壁、断崖、峡谷、连绵曲折的山洞隧道等风光，游人无不赞叹造物者之鬼斧神工。

7、花　莲

在花莲台东一带，除了闽、客人外，以阿美族、卑南族、布农族、排湾族为多，充满浓郁的山地风情。

他们每年如期举行传统祭典，为日渐式微的传统文化，保留了传承的火种。

8、高　雄

高雄是台湾南部的海港，也是台湾最大的工业重镇。游客可搭乘观光客船，由高雄港出发，环绕高雄港口，欣赏高雄港区的雄伟建设与美丽风光。

9、中兴塔

中兴塔，高约43公尺，共有7层楼，登高饱览澄清湖的风光。最后，可到佛教圣地佛光山参观。佛光山开山三十多年以来，为中国佛教带来中兴的气象。内设东方佛教大学以及十二尺高大佛并有四十尊小佛围绕。

华中地区著名的旅游景点

湖北著名的旅游景点

长江横贯东西，汉水纵穿南北。西部崇山峻岭，东南湖泽遍布。临江沿山一带多为名胜古迹集中之地。

1、黄鹤楼

巍峨耸立于武昌蛇山的黄鹤楼，享有"天下绝景"的盛誉，与湖南岳阳楼，江西滕王阁并称为"江南三大名楼"。黄鹤楼始建于三国时期吴黄武二年，传说是为了军事目的而建，孙权为实现"以武治国而昌"，筑城为守，建楼以嘹望。

2、龟山

位于汉阳长江大桥北堡，适当汉水注入长江之处。与蛇山相对

峙，有"龟蛇锁大江"之称。

3、东湖

位于武昌东郊，全湖面积37平方公里，其中水面积占３３平方公里，主要的游览区集中在湖的西北角上，有听涛轩、行吟阁、九女墩、湖心亭等胜迹。

4、明显陵

明显陵是全国重点文物保护单位，位于湖北省钟祥市城东郊的松林山，是明世宗嘉靖皇帝的父亲恭壑献皇帝和母亲章圣皇太后的合葬墓，是我国数千年历史长河中最具特色的一座帝王陵寝。

5、恩施大峡谷

恩施大峡谷 "八百里清江，每一寸都是风景。"湖北清江恩施大峡谷位于长江三峡附近的鄂西南。恩施土家族苗族自治州恩施市屯堡乡和板桥镇境内，是清江大峡谷中的一段。

峡谷中的百里绝壁、千丈瀑布、傲啸独峰、原始森林、远古村寨等景点美不胜收。

6、古隆中

位于襄樊市西１５公里的隆中山之东，为三国时诸葛亮故居所在地。

现存的景点就有三顾堂、武侯祠、三义殿、抱膝亭、六角井、梁父岩等１０余处，并陈列诸葛亮的著作，历代名人来此者，多有题吟刻石于壁上。

7、武当山

武当山又名太和山，在均县境内，为我国名山之一，著名的道教圣地。主峰海拔1612米，方圆达400平方公里，山上有12峰、24涧、11洞、3潭、9泉、10地、9井、9台，其风景胜迹，于此可见其盛。

现存的殿宇，系明永乐年间所修，建筑群相当庞大，包括８宫２

观、36庵堂、72岩庙、39桥、12亭等。另有各种神像、经籍，大体保存完好，所以具有很高的古代艺术与历史研究的价值。

8、三峡景区

三峡西起四川省奉节县的白帝城，东至湖北省宜昌市的南津关，跨奉节、巫山、巴东、秭归、宜昌五县市，全长约200公里。

（1）石宝斋。忠县的石宝斋位于一座的孤峰上，高12层，登顶可览长江风光。

（2）张飞庙。位于四川省云阳县城靠长江南岸的飞凤山麓上，有结义楼、望云轩、助风阁、得月亭等建筑，"江上清风"四个大字远远可见。

（3）八阵图。位于奉节县城外江边，是三国诸葛亮以"天、地、风、云、龙、虎、鸟、蛇"推演兵法之地。

（4）白帝城。位于江边紫色的白帝山上，原名紫阳城，三国刘备托孤之地，李白"朝辞白帝彩云间"即是指此。

（5）瞿塘峡。以"雄"著称的瞿塘峡全长8公里，是三峡中最短的一个。峡口山岩上有"夔门天下雄"五个大字，沿江而下有粉壁墙、孟良梯、倒吊和尚、犀牛望月等景。

（6）巫峡。以"秀"著称的巫峡西起大宁河?穴小三峡?雪口，东到湖北的官渡口，长约40公里。

（7）西陵峡。以"奇"著称，西起秭归县香溪，东止宜昌市南津关，长约76公里。峡内有兵书宝剑峡、牛肝马肺峡等。

湖南著名的旅游景点

1、岳麓山

岳麓山坐落于长沙市湘江西岸，主峰海拔297米。自东汉以来，便是游览胜地，山上山下，景点星罗棋布：爱晚亭、岳麓书院、麓山寺、云麓宫、禹王碑、黄兴墓、蔡锷墓等。

2、洞庭湖

位于中国湖南省北部,长江荆江河段以南,是中国第四大湖,仅次于青海湖、兴凯湖和鄱阳湖,也是中国第二大淡水湖,洞庭湖南纳湘、资、沅、澧四水汇入,北与长江相连。

3、岳阳楼

为江南三大名楼之一,坐落于岳阳市西面。濒临洞庭湖,扼守长江口。素有"天下洞庭水,岳阳天下楼"之称。

岳阳楼的建筑风格颇为独特,3层,飞檐盔顶,木质结构。高25.35米,宽17.2米,深14.6米,占地251平方米。楼中央由4根楠木支撑,楼顶覆以黄色琉璃瓦,造型奇伟,如古代武士的头盔。楼头正面"岳阳楼"三字由郭沫若书写。

4、桃花源

位于桃源县西南15公里的水溪附近,因晋代陶渊明的《桃花源记》与《桃花源诗》而得名。

景区内景点颇多：桃花溪、穷林桥、菊圃、碑廊、方竹亭、水源亭、遇仙桥、秦人洞、高举阁、桃花观等，近年又修秦人村、秦城等。

5、凤凰古城

凤凰古城，是中国最美丽的小城，也是中国最浪漫的小城。凤凰古城分为新旧两个城区，老城依山傍水，清澈的沱江穿城而过，红色的砂岩砌成的城墙，南华山衬着古老的城楼，清朝年间的城楼，锈迹斑斑的铁门，依稀可见当年威武的模样。

6、张家界

张家界国家森林公园位于湖南省张家界市境内，2004年2月被列入世界地质公园。公园以峰称奇、以谷显幽、以林见秀，以世界上独一无二的砂岩峰林地貌景观为核心、以岩溶地貌景观为衬托，兼具成型地质剖面、特殊化石产地等大量地质遗迹，构成独具特色的砂岩峰林地貌组合景观。

张家界"峰三千，水八百"。这里有三千多座奇峰拔地而起，形态各异，似人似物，神形兼备。飞瀑、溪流、散布其间，森林茂密，花草遍地，宛如一幅巨大的山水画。公园中的金鞭溪因流经金鞭岩而得名，全长5710米，穿行于深壑幽谷之间，溪的两边千峰耸立，高入云天，树木繁茂，浓荫蔽日，素有"山水画廊"、"人间仙境"。

7、韶山

韶山自然、生态环境优良，属亚热带季风性湿润气候区，四季分明，年均气温16.7摄氏度，雨量充沛，年均降水量1358毫米，无霜期长达280天左右，年均日照数达1717小时；森林覆盖率达56%，空气十分清新，有"天然大氧吧"的美誉。

8、衡　山

位于湖南省衡山县西，湘江中游西南岸，是花岗岩断块山体。大小山峰七十二,主峰祝融峰海拔1290米,是"五岳"中惟一位于我国南方的一座。

9、芷江

第二次世界大战反法西斯胜利的标志性建筑芷江抗战胜利受降纪念坊以及盟军第二大机场芷江机场、中美空军联队俱乐部、受降堂、中国工农红军第二、六军团司令部旧址、湘西剿匪烈士纪念塔等一大批纪念性建筑在境内熠熠生辉。

10、炎帝陵

位于炎陵西南15公里处的塘田乡鹿原坡。鹿原坡又名白鹿原,它是中华民族始祖炎帝神农氏的陵寝。

河南著名的旅游景点

河南地属中州,为我国重要的古文化发祥地之一。钟灵毓秀,物华天宝,吸引着大量的游客。

1、开　封

开封是一座闻名中外的历史名城,有悠久的历史,曾有6个朝代

在此建都，名胜古迹甚多，驰名中外。

2、龙亭

位于市区的西北隅，座落在北宋和金代的遗址上，原是宋代御花园的一部分。现在所见到的龙亭，是清初时在明代周王府"煤山"旧址上建筑起来的"正寿宫"的正殿。

3、相国寺

位于市区中心，闻名遐迩，是我国著名的古刹之一。寺址原是战国时魏公子信陵君的宅第。至北齐天宝六年开始在此建寺，名为建国寺。唐睿宗时重建，改名大相国寺，俗称相国寺。

4、铁塔

位于市区东北隅，正名应作佑国寺塔，始建于北宋皇右元年。八角十三层，高55.08米。外镶褐色玻璃砖，其上雕有飞天、降龙、菩萨、力士、花卉、人物等50多种纹饰。

5、洛阳

洛阳西依秦岭，东望嵩岳，南有伊阙，北屏邙山，群山环抱。洛河与伊水流经其地，山容水态，风光秀丽，故号称"九州腹地，十省通衢"。历史上曾有9个朝代在此建都，为我国远近闻名的历史名城。

6、龙门石窟

龙门石窟位于河南省洛阳南郊12公里处的伊河两岸。经过自北魏至北宋400余年的开凿，至今仍存有窟龛2100多个，造像10万余尊，碑刻题记3600余品，多在伊水西岸。数量之多位于中国各大石窟之首。其中"龙门二十品"是书法魏碑精华。

7、白马寺

白马寺位于今洛阳城东约12公里处，这里北依邙山，南临洛水，宝塔高耸，殿阁峥嵘，长林古木，肃然幽静。在它的东面不远处，蒿榛丛莽的古城垣，依然断断续续逶迤在伊洛平原之上，勾勒出一座昔日大国京都的宏伟轮廓。那就是东汉洛阳城的旧址。

白马寺初创于东汉永平十一年,是佛教传入中国后,由官府正式创建的第一座寺院,是源于南亚次大陆的佛教在辽阔的中华大地赖以繁荣发展的第一座菩提道场,故历来被佛教界称为"释源"和"祖庭"。

8、关林

关林始建何时已无从稽考,现存的关林位于洛阳市南7.5公里的地方,为三国时蜀国大将关羽的墓地。重建于明万历二十年,清乾隆年间加以扩建,形成现今占地180亩的规模。

关林的建筑很有特色,它是按帝王宫殿式样建造的,它以舞楼、大门、仪门、大殿、二殿、三殿、牌坊、墓冢到后门为其南北向中轴线,其他建筑的布设皆沿此线左右对称,错落有致,严谨有序,为中国古代建筑的典型代表。

9、中岳嵩山

古称中岳,位于华北大平原西部,河南登封县北,属伏牛山系。山势峻奇,高峰有:东面的太室山,为主峰,海拔1440米;中为峻极峰;西为少室山。

10、少林寺

在河南登封县城西北15公里的少室山北麓五乳峰下,始建于北魏太和十九年?穴公元495年?雪。公元527年,印度僧人菩提达摩在此首创禅宗,唐初,少林寺和尚佐唐太宗开国有功,从此,僧徒常习武术,禅宗和少林武术负有盛名,广为流传。

华南地区著名的旅游景点

广西著名的旅游景点

1、桂林漓江

桂林是我国著名的旅游胜地,被誉为"桂林山水甲天下"。桂林漓江风景区是世界上规模最大、风景最美的岩溶山水旅游区,桂林漓江风景区以桂林市为中心,北起兴安灵渠,南至阳朔,由漓江一水相连。桂林山水向以"山青、水秀、洞奇"三绝闻名中外。

2、独秀峰

在桂林市区王城内,与广西师大一墙之隔。它平地拔起,孤峰独秀,人称"南天一柱"。有读书岩、月牙池等景点。

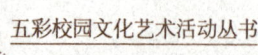

3、叠彩山

在桂林市北部,面临漓江,叠彩山包括于越山、四望山、明月峰和仙鹤峰,人称"江山会景处"。

4、伏波山

在桂林市东北伏波门外,东枕漓江,有唐代摩崖石刻、还珠洞、试剑石等。

5、七星岩

在桂林市七星公园内。洞分上、中、下三层,犹如一条地下天然画廊,游程达800米,有大象卷鼻、狮子戏球、仙人撒网、银河鹊桥等景点。

6、芦笛岩

位于桂林市西北7公里处的光明山上,因洞口长有芦笛草,其可制牧笛而命名,有狮岭朝霞、青松翠柏、盘龙宝塔、帘外云山等景点,有"天然艺术宫"之美称,与七星岩并列为"桂林两大奇洞"。

7、阳朔

素有"阳朔风光甲桂林"之称。阳朔的碧莲峰东临漓江,山腰有风景道、迎江阁、鉴山楼等景点。

8、德天瀑布

德天瀑布位于中越边境广西大新县硕龙镇,为国家特级景点。横跨中国越南两个国家,排在巴西到阿根廷之间的伊瓜苏大瀑布、赞比亚到津巴布韦之间的维多利亚瀑布以及美国到加拿大的尼亚加拉瀑布之后,是世界第四大、亚洲第一大跨国瀑布。它起源于广西靖西县归春河,终年有水,流入越南又流回广西,经过大新县德天村处遇断崖跌落而成瀑布。

广东著名的旅游景点

1、六榕寺

六榕寺位于广州市六榕路上，是广州著名的佛教古刹。寺内主要建筑有巍峨矗立的花塔、观音殿和六祖堂等。

2、越秀山

在广州市北。汉初在山上筑台，后来扩建楼阁寺庙，现辟为公园。

3、白云山

白云山素有"南越第一山"之称，白云山全山面积28平方公里，其最高峰摩星岭海拔382米，是广州市最高峰，云台花园是白云山风景区新景点之一，也是是我国大型的以各种观赏花木造景为主的园林式花园，享有"花城明珠"的美誉。

4、六星岩

在肇庆市北郊，由一组石灰岩溶洞构成。包括"七岩、八洞、五湖、六岗"。景区面积４６０万平方米，长２０公里。著名的景点有阆凤岩、玉屏岩、石宝岩、水月宫、天柱岩、赡蛛石、仙掌岩等。

5、深圳锦绣中华

深圳景秀中华是目前世界上面积最大、内容最丰富的实景微缩景区，占地四百五十亩，分为主点区和综合服务区两部份。景点区中，近百处景点大致按照中国区域版图分布，是中国自然风光与人文历史精粹的缩影。

6、世界之窗

深圳市的世界之窗将世界奇观、古今名胜、历史遗址、自然风光、各国民居、异国雕塑、民俗风情、民间歌舞等汇于一园，让游人通过世界之窗，了解外部世界的美妙奇观。

7、百万葵园

百万葵园于2002年4月建成及对外开放。其地理位置位于广州最南端出海口，广州番禺新垦镇。百万葵园占地26万平方米，100多万朵金黄色的向日葵迎着太阳竞相怒放，构成一幅绚丽多彩的田园美景。

8、开平碉楼

开平碉楼位于开平市内，碉楼星罗棋布，城镇农村，举目皆是，多者一村十几座，少者一村二三座。

从水口到百合，又从塘口到蚬冈、赤水，纵横数十公里连绵不断，蔚为大观。这一座座碉楼，是开平政治、经济和文化发展的见证，它不仅反映了侨乡人民艰苦奋斗、保家卫国的一段历史，同时也是活生生的近代建筑博物馆，一条别具特色的艺术长廊。

9、宝墨园

宝墨园位于广东省广州市番禺区沙湾镇紫坭村，建于清末，占地五亩，毁于二十世纪五十年代。后在原番禺市委书记梁伟苏的大力推动下，于一九九五年重建，历时六载，扩至130多亩，集清官文化、岭南古建筑、岭南园林艺术、珠三角水乡特色于一体，建筑、园林、山水、石桥等布局合理，和谐自然，构成一幅幅美丽壮观的景色。

10、西汉南越王墓

它是以南越王墓为中心建造的一座新型遗址博物馆，是中国政府依据《威尼斯宪章》采取的保护文物，利用文物的一个成功范例。它以保存完好的古墓原址，内涵丰富的汉代文物，典雅气派的建筑而闻名于世。

海南著名的旅游景点

1、天涯海角

天涯海角位于三亚市西郊23公里处，背负马岭山，面向茫茫大海。海湾沙滩上大小百块磊石耸立，"天涯"、"海角"和"南天一柱"巨石突兀其间，昂首天外，峥嵘壮观。

史载，"天涯"两字为清雍正年间崖州知州程哲所题，铭刻在一块高约10米的巨石上。"海角"两字刻在"天涯"右侧一块尖石的顶端，据说是清末文人题写。

2、鹿回头

位于三亚市区南边3公里处，主峰海拔275.1米，峻岭濒海，拔地而起，状若金鹿回首。

3、大小洞天

大小洞天海山奇观旅游区，位于三亚市区以西40公里的海滨，距古崖州城10公里，总面积22.5平方公里。自宋代淳熙年间吉阳军知军周康、后任毛奎相继开发以来，至今已有800多年的历史，是海南省历史最悠久的旅游风景区之一。

4、西岛

西岛又名玳瑁岛、西瑁岛，位于三亚湾国家自然保护区内，全岛面积2.8平方公里，居民3千多人口，世代打渔为生，是海南省沿海仅次于大洲岛的第二大岛屿。

5、大东海

大东海位于距三亚市市区3公里的兔子尾和鹿回头两个山头之间，

水面是月牙形的沙滩，南面是浩渺无边的大海。这里四季如春，景色迷人，绿叶、阳光、碧水、沙滩构成绝妙的热带风光。

6、亚龙湾贝壳馆

亚龙湾贝壳馆位于三亚亚龙湾国家旅游度假区中心广场，占地面积3000余平方米，是中国第一个以贝类为主题的，集展览、销售为一体的综合性展馆亚龙湾贝壳馆设计新颖独特，装饰典雅自然，置身于馆内，充分感悟到海洋世界的美妙和神奇。

7、亚龙湾蝴蝶谷

亚龙湾蝴蝶谷位于亚龙湾小龙潭湖后部，两面环山，中间谷底贯穿一条溪流。由亚龙湾开发股份有限公司投资1000万元人民币兴建，建设面积达1.5公顷，是我国第一个设施完善的自然与人工巧妙结合的蝴蝶文化公园。

港澳著名的旅游景点

1、香港景点

（1）香港迪斯尼乐园。香港迪士尼乐园是全球第五个以迪士尼乐园模式兴建、迪士尼全球的第十一个主题乐园，香港迪士尼乐园面积126公顷，是全球面积最小的迪士尼乐园。不过，往后乐园另有多期的扩建工程，其中第一期扩建工程正在动工。香港地铁设有专用铁路迪斯尼线来往欣澳站及迪士尼站，为全世界第二条来往迪士尼的铁路专线。

（2）太平山顶。太平山俗称山顶，雄居香港岛的西部，海拔554米，是港岛最高的山峰。游览太平山，可以乘车从公路盘旋而上太平山顶。不过，更多的游客喜欢选择登山缆车，因为它是前往山顶既快捷又极富游览价值的交通工具。

（3）会议展览中心。位于湾仔海旁的香港会议展览中心外貌雄伟，由两座建筑物组成。旧翼于1988年落成，新翼则于1997年扩建而成。新翼外形以流线形上盖为设计重心，犹如大鹏展翅，成了湾仔海旁的标记。香港会议展览中心是国际大型会议及展览会的首选场地。1997年香港回归祖国中英两国移交主权仪式的地点。

（4）铜锣湾。很多人会将铜锣湾比拟作日本的新宿，因为这里是香港著名购物、娱乐、美食中心，也是白领俪人的逛街热点，如果有兴趣了解香港OL的潮流喜好，便应到此一游。

（5）尖沙咀。尖沙咀位于九龙半岛南端，是九龙区内最重要的商业中心、旅游区和购物天堂。除此之外，区内设有多个文化和教育中心，例如香港文化中心、香港艺术馆、太空馆、香港历史博物馆和香港科学馆等。

（6）天坛大佛。天坛大佛是一座位于香港大屿山宝莲寺前木鱼峰上的佛像，座落于海拔520米的昂坪。佛像坐在二百六十八级的石阶上，由202块铜片组成，高26.4米，连莲花座及基座总高约33.999米，坐于三层祭坛上，是世上最大的户外青铜座佛。

（7）黄大仙祠。黄大仙祠，又名啬色园，建于1945，是香港九龙有名的胜迹之一，是香港最著名的庙宇之一，在本港及海外享负盛名。黄大仙祠的修建宏伟，金碧光辉，极尽中国古典庙宇的特色。庙宇占地18,000多平方米，除主殿大雄宝殿外、另有三圣堂、从心苑等。其中以牌楼修建最具特色，充实表现中国传统文化。

2、澳门景点

（1）大三巴牌坊。又叫圣保罗教堂遗壁，是澳门的标志。教堂始建于1602年，历时30多年之久，于1637年竣工，是当时东方最大的一座天主教堂，但不幸于1835年毁于一场大火，整座教堂化为灰烬，仅剩下教堂的花岗岩前壁和石阶。

（2）凼仔岛和路环。凼仔岛和路环是澳门的两个离岛，三地之间，有大桥及公路相连接。澳门是繁华的都市，而凼仔和路环是都市的郊区。郁郁葱葱的山丘,旖旎迷人的沙滩,古朴清纯的村庄,新鲜的空气、蓝天、白云……是休闲度假的好去处。

凼仔位于澳门半岛以南,面积4.5平方公里,有两条分别长2.5公里和4.5公里的大桥,从澳门通向凼仔。澳门国际机场、澳门大学、菩提禅院、观音岩、嘉谟教堂、赛马会都在这儿。

(3)竹弯。位于路环南端,面海靠山,广阔和海滩,洁白的沙粒,环境宁静而优美,每年夏季前往旅游和度假的游客众多,设有水上活动中心,有专人训练驾驶独木舟、风帆、帆船、泛舟于海水之中,别有一番情趣。靠山麓有竹湾酒店,背山面海,是饮食休憩理想之处。

(4)黑沙海滩。是澳门著名的天然海浴场。呈半月形,坡度平缓,滩面宽阔。黑色的细沙是因海洋特定环境形成的带黑色的次生矿"海绿石"所致。"海绿石"受海流影响,经风浪而至海边使原来洁白的沙滩,变成神秘而迷人的黑沙滩。细沙黝黑而软滑,海滩因此而命名为黑沙海滩。

(5)卢廉若公园。它是一座具有苏州风韵的园林。亭台楼阁尤以"春草堂"水榭厅堂最为著称,幽静的池塘,迂回的曲桥,奇峰怪石,淙淙瀑布,交错回廊。春天柳丝低垂,夏日荷花盛开,颇具江南园林明媚秀丽的特色。

(6)白鸽巢公园。是澳门最大的公园之一。园内小径依山建筑,纵横如八阵图。这儿饲养白鸽数百只,相传清代名人丘逢甲,李遐龄等曾游览于此,并吟诗称诵。

(7)南湾花园。园中绿树花卉宜人,石椅纷陈其中。公园旁边的八角亭图书馆,为澳门较有规模的公众书报室,为公园增添了浓厚的文化氛围。

西南地区著名的旅游景点

四川著名的旅游景点

四川的自然风光,向来有"峨眉之秀,青城之幽,剑阁之险,三峡之雄"的称谓;历史文化古迹殊多。

1、都江堰

都江堰位于四川省成都市都江堰市灌口镇,是中国建设于古代并使用至今的大型水利工程,被誉为"世界水利文化的鼻祖",是全国著名的旅游胜地。通常认为,都江堰水利工程是由秦国蜀郡太守李冰及其子率众于公元前256年左右修建的,是全世界迄今为止,年代最

久、唯一留存、以无坝引水为特征的宏大水利工程，也是全国重点文物保护单位。

2、武侯祠

成都武侯祠，位于四川省成都市南门武侯祠大街，是中国惟一的君臣合祀祠庙，由刘备、诸葛亮蜀汉君臣合祀祠宇及惠陵组成。

3、乐山大佛

位于乐山市东凌云山西壁上。适当岷江、青衣江、大渡河三水的汇合处。大佛依栖鸾峰的断崖临江开凿而成，为一尊高71米的弥勒佛坐像。环绕着大佛的山顶上，有东坡楼、凌云禅寺、灵宝古塔、海师洞、九曲栈道等名胜古迹。

4、三苏祠

位于眉山市西南隅，为纪念宋代文学家苏洵、苏轼、苏辙父子而建的祖祠，占地52000平方米，祠址原为苏氏的宅地。

5、峨眉山

位于峨眉市西南7公里处，为我国佛教四大圣地之一。著名的景点有黑龙口栈道、洪椿坪、九老洞、洗象池、金顶等十几处。

6、青城山

青城山为中国道教发源地之一，属道教名山。位于四川省都江堰市西南，古称"丈人山"，东距成都市68公里，处于都江堰水利工程西南10公里处。主峰老霄顶海拔1260米。在四川名山中与剑门之险、峨嵋之秀、夔门之雄齐名，有"青城天下幽"之美誉。

7、四姑娘山

四姑娘山位于四川阿坝藏族羌族自治州，由四座长年被冰雪覆盖的山峰组成。如同头披白纱，姿容俊俏的四位少女。其中幺妹身材苗条、体态婀娜，常说的"四姑娘"就是指这座最高最美的雪峰。

8、贡嘎神山

位于大渡河与雅砻江之间。"贡嘎山",藏语"贡"是冰雪之意,"嘎"为白色,意为"白色冰山",也意为"最高的雪山",山体南北长约60公里,东西宽约30公里,其主峰海拔7556米,地处北纬29度35分44秒,东经101度52分44秒,在四川省康定、泸定、石棉、九龙四县之间。

9、九寨沟

位于南坪县境内。在长40公里的陨山中成为一独特的景区。五光十色的湖泊和雄壮秀丽的瀑布是此间的"双绝"。

贵州著名的旅游景点

1、花溪

在贵阳市南郊,距市区17公里,南明河上游由此流过,穿越于翠障青山之间,低坝层叠,堰塘急滩相间而出,构成十里绚丽风光。

2、地下公园

位于贵阳市南郊,是一座中型的石灰岩溶洞,全长587米,洞内的钟乳石姿态奇异,拟人状物,维妙维肖,诗情画意,妙趣横生。

3、红枫湖

在清镇县城附近,系电站水库,面积达57平方公里。

4、黔灵公园

位于贵阳市西北角,园内以山、水、林、寺为主体景观,面积3平方公里,内辟有弘福寺、三岭寺、黔灵湖、麒麟洞、三坝等分景区;黔灵公园是一座综合性的游览公园,在山谷中还建有动物园。公园的地质构造复杂,山上保存有第四纪冰川期遗迹。

5、甲秀楼

位于贵阳城区南部的南明河中的一块称为鳌矶石的巨石上,是明清时期的木结构阁楼,秀雅并致,飞檐杨翘,景色非常娟秀。

6、花溪公园

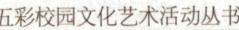

位于贵阳市南郊17公里处，面积220平方公里，共有7个景区：十里河滩、天河潭、燕楼马林、青岩古镇、黔陶孟关、高坡、小碧。民风民情，文物古迹，不可不观。

7、舞阳河风景区

景区位于镇远、施秉、黄平三县境内，全长95公里，面积625平方公里，以舞阳河水系为纽带，分布有历史名城 镇远、铁溪、上舞阳、下舞阳、云台山、杉木河、黑冲、飞云崖、旧州古镇重安江十大景区共394个景点，是集自然风光、人文景观、民族风情为一体的风景名胜区。

8、梵净山

位于铜仁地区西北部，居武陵山脉中段，景区面积600平方公里，拥有气势磅礴的山峰景观、绿色王国的植被景观、佛教古迹的人文景观，于1996年纳入联合国科教文组织世界人与生物圈保护网，是我国亚热带生态系统保护较为完整的地区之一。

9、黄果树瀑布

黄果树瀑布景区内以黄果树大瀑布为中心，分布着雄、奇、险、秀风格各异的大小18个瀑布，形成一个庞大的瀑布"家族"，被世界基尼斯总部评为世界上最大的瀑布群。

云南著名的旅游景点

1、大观楼

位于昆明市西2公里处。楼阁南临滇池，与太华山隔岸相望，登楼赏景，尽湖山之美。附近尚有观稼堂、催耕馆、揽胜阁等建筑。

2、龙　门

位于昆明市郊西山罗汉山崖陡壁上，背靠西山，面临滇池，在悬崖峭壁上凿出石级通造及若干佛龛、佛像。

3、石　林

石林距昆明市区约70公里，乘车约一个多小时可到达。石林为国家5A级景区，这里有阿诗玛的美丽传说，以"雄、奇、险、秀、幽、奥、旷"著称，具有世界最奇物的喀斯特地貌。

4、西 山

位于昆明市西郊15公里，由华亭山、太华山、罗汉山等组成。它峰峦连绵40多公里，海拔1900米至2350米。相传古时有凤凰停歇，见者不识，呼为碧鸡，故也称碧鸡山。

5、大理古城

简称榆城，是1982年2月国务院批准的我国第一批24座历史文化名城之一，也是全国44个重点风景区之一。大理是白族的主要聚居地，这里保存着古朴而浓郁的白族风情。

6、洱 海

云南省著名的高原湖泊，海拔1972米，面积为248平方公里。从空中往下看，洱海宛如一轮新月，静静地卧在苍山和大理坝子之间。洱海共有3道、4洲、5湖、9曲，自古以来一直被称作"群山间的无暇美玉"

7、丽江古城

在1997年12月4日，被联合国教科文组织正式批准列入《世界遗产名录》清单，成为全国首批受人类共同承担保护责任的世界文化遗产城市；2001年10月，被评为全国文明风景旅游区示范点；2002年，荣登"中国最令人向往的10个城市"行列。

8、玉龙雪山

2007年5月8日，丽江市玉龙雪山景区经国家旅游局正式批准为国家5A级旅游景区。玉龙雪山是北半球最近赤道的山脉，它处于青藏高原东南边缘，横断山脉分布地带，在大地构造上属横断山脉皱褶带。

西藏著名的旅游景点

1、布达拉宫

俗称"第二普陀山"，屹立在西藏首府拉萨市区西北的红山上，是一座规模宏大的宫堡式建筑群。最初是松赞干布为迎娶文成公主而兴建的，17世纪重建后，布达拉宫成为历代达赖喇嘛的冬宫居所，也是西藏政教合一的统治中心。

2、雅鲁藏布大峡谷

世界第一深度大峡谷。于1992年向世界公布。中国西藏雅鲁藏布江下游的雅鲁藏布大峡谷是地球上最深的峡谷。大峡谷核心无人区河段的峡谷河床上有罕见的四处大瀑布群，其中一些主体瀑布落差都在３０到５０米。

3、珠穆朗玛峰

简称珠峰，又意译作圣母峰，尼泊尔称为萨加马塔峰，也叫"埃非勒斯峰"，位于中华人民共和国和尼泊尔交界的喜马拉雅山脉之上，终年积雪。高度8844.43米，为世界第一高峰，中国最美的、令人震撼的十大名山之一。

4、可可西里

蒙语意为"青色的山梁"。藏语称该地区为"阿钦公加"。是目前世界上原始生态环境保存最完美的地区之一，也是目前中国建成的面积最大、海拔最高、野生动物资源最为丰富的自然保护区之一。

5、结罗拉雪山

结罗拉雪山，耸立在那玉河浴和琼果杰之间，海拔5000米，横空出世，它的雄姿秀色，让无数勇敢的旅行家为之折腰。

6、大昭寺

大昭寺是西藏最辉煌的一座吐蕃时期的建筑，殿宇雄伟，庄严绚丽，每日被转经的人流簇拥着。大昭寺又名"祖拉康"，藏语意思是经堂。"大昭"，藏语为"觉康"，意思是释迦牟尼，就是说有释迦牟尼像的佛堂。

7、八廓街

八廓街是拉萨最古老的一条街道，也就是通常所说的"八角街"，过去只是单一地围绕着大昭寺的转经道，藏族人把它称作"圣路"。如今的八廓街既是转经道，又是一条充满民族特色的购物长廊。是一整片旧的、有着浓郁藏族生活气息的城区。

8、巴松错

巴松错又名错高湖，藏语中是"绿色的水"的意思，湖面海拔3700多米，湖面面积达6千多亩，位于距林芝地区工布江达县50多千米的巴河上游的高峡深谷里，是红教的一处著名神湖和圣地。

9、纳木错

天湖纳木错湖，是世界上海拔最高的咸水湖，也是中国第二大咸水湖，湖面海拔4718米。东西长70公里，南北宽30公里，水面面积达1940平方公里。那木错风光绚丽，可说是名副其实的香格里拉，海拔7100米的念青唐古拉山倒映在湛蓝清澈的湖水中。

西北地区著名的旅游景点

陕西著名的旅游景点

陕西南为秦岭群山，峰峦起伏；北为黄土高原，莽莽千里；泾渭网水，横贯关中，400公里秦川孕育了我国最古老的文明。

1、明城墙

明代城墙是在唐皇城旧城基础上扩建起来，高12米，顶宽12至14米，底宽15至18米，周长约13.7公里，整个墙体高大宏伟，环绕在现今西安市中心区周围，是古都西安的标志性建筑，是当今世界上规模

最大，保存最为完整的古城堡。

2、华清池

位于西安市东。临潼城南骊山之西北麓，因出露温泉，唐代在此建造行宫而闻名。

3、秦陵及兵马俑

位于陕西临潼县城东5公里，距西安36公里，是秦始皇嬴政的皇陵。陵区分陵园区和从葬区两部分。陵园占地近8平方公里，建外、内城两重，封土呈四方锥形，顶部略平，高55米，不仅是中国历史上第一座皇帝陵，也是最大的皇帝陵。

1974年以来，在陵园东1.5公里处发现从葬兵马俑坑三处，出土陶俑8000件、战车百乘以及数万件实物兵器等文物；1980年又在陵园西侧出土青铜铸大型车马两乘，引起全世界的震惊和关注，被誉为"世界第八奇迹"。现已在一、二、三号坑成立了秦始皇陵兵马俑博物馆，对外开放。

4、鸿门宴旧址

位于临潼县新丰镇鸿门堡村，是骊山风景中最北的旅游点。南依骊山，北临渭河，地处潼关通长安之要道，相传，著名典故"项庄舞剑，意在沛公"就发生在这里。

5、大雁塔

位于南郊大慈恩寺内，是我国佛教名塔之一，创建于唐652年，唐代高僧玄奘自印度归来带回大量梵文经典和佛像舍利，为了供奉和贮藏，经玄奘上表请求建造此塔。其特点是砖结构体现出木结构的斗拱风格。

6、杨贵妃墓

位于兴平县马嵬镇西500米处，距西安60公里。墓呈半球形，冢高3米，整座墓冢都用青砖包砌。

7、法门寺

位于扶风县城北１０公里。寺内建护国真身塔，内藏唐宪宗令人迎来的释迦牟尼指骨一节。

8、华 山

位于华阴县城南。古称西岳，为五岳之一。主峰海拔2000米。自山麓到山顶，沿途都是名胜古迹。

主要的景点有：云台峰、玉女峰、玉泉院、西岳庙、苍龙岭、青柯坪、莲花峰、朝阳峰、落雁峰、镇岳宫等。

黄帝陵

位于黄陵县城北，轩辕黄帝葬于此。

9、钟 楼

位于西安市中心，建于明1384年，高36米，外部重檐3层，但内部仅上下两层，是我国古代木结构建筑，一个巨大的钟被装置在楼上原用于报警报时。

10、鼓 楼

位于西安市西大街距钟楼不到1公里，建于1380年明洪武13年，高33米，一个巨大的鼓被装置在楼上，当夜降临时人们击鼓以报时间，它和钟楼被认为是姐妹楼，在其上敲钟击鼓，被称为"晨钟暮鼓"。

甘肃著名的旅游景点

1、鸣沙山

鸣沙山也叫神沙山位于敦煌市区南6公里处,东枕莫高窟崖顶,西至党河口,东西长40多公里,南北宽20余公里,高达数10米,由红、黄、绿、黑、白米粒状沙粒堆积而成,北峰陡峭, 势如刀刃, 十分壮观。人从山顶下滑，沙随人体颓落，会发出美妙的声音。

2、月牙泉

月牙泉位于鸣沙山北麓东西约长118米，南北宽约25米，水深约5

米,状似一弯新月,故称撺卵廊獝。泉被鸣沙山四面环抱,但不为流沙所掩始终碧波荡漾、清澈见底,久雨不溢久旱不涸风景十分优美。

3、五泉山

位于兰州市黄河南岸皋兰山北麓,海拔１６００米,因山上有五处泉水出露而得名。此五泉曰:甘露泉、掬月泉、摸子泉、惠泉、蒙泉。

山上的古建筑,始创于明洪武年间,以后陆续整修或扩建。现在者有千佛阁、嘛尼寺、地藏寺、崇庆寺等。

4、崆峒山

平凉崆峒山位于平凉市西15公里处,系六盘山山脉,北倚关山,南望太统,背负笄头,面临泾水,素有"西镇奇观"、"崆峒山色天下秀"之美誉。为天下道家第一名山,其名取道家空空同同、清净自然之意。崆峒山早在秦汉时期即为僧道聚集之地秦皇汉武皆曾登临崆峒。唐宋明清各代,山上均建有道观禅院,开辟丛林。

5、嘉峪关城楼

在嘉峪关市西南隅,为万里长城的终端。关城面积33500平方米,高10米。楼阁作三层五间式,周围绕廊,单檐歇山顶,高17米。城关四角,配有角楼,俨然壮观。

6、敦煌莫高窟

在敦煌市东南25公里处,俗称千佛洞。洞窟凿在鸣沙山东麓的断崖上,共5层,高低错落鳞次栉比,长达1600米。

7、麦积山石窟

位于天水市东南30公里处的群山中。现存洞窟194个,泥塑和石佛7000余尊,壁画1300平方米。

8、阳关

位于敦煌市城西南70公里处因在玉门关以南,故名阳关。它是汉武帝时设在河西走廊西端的重要关隘在军事上有极为重要的地位。魏晋时在阳关置县。唐代阳关还在继续使用。

9、玉门关

俗称小方盘城，在河西走廊西端的敦煌市境内，位于敦煌市城西北约90公里处。相古时候西域和田等地的美玉从塔里木盆地经此处输入中原，玉门关由此而得名。

10、省博物馆

甘肃省博物馆座落在兰州市七里河区，与友谊宾馆以马路相隔，是甘肃省规模最大的综合性博物馆。该馆建于1956年，建筑面积18,000平方米。

11、伏羲庙

位于天水市秦城区。占地面积1。3万平方米建于明正德年间庙堂为一座两进三门的建筑群自南向北有牌坊、庙宇、月台、碑亭、主殿、古柏等特别是古柏按六十四卦排列。

12、白塔山

白塔山位于兰州市黄河北岸，海拔一千七百多米，山势起伏，有"拱抱金城"之雄姿。

宁夏著名的旅游景点

1、沙坡头

沙坡头旅游区是国家首批4A级旅游景区，是中国三大鸣沙——沙坡鸣钟所在地，丰硕的治沙成果于1994年被联合国授予"全球环保500佳单位"的光荣称号，同年被国务院授予"科技进步特别奖"被世人称为"沙都"。

1、贺兰山岩画

距银川50余公里车程约1小时，贺兰山约有千余幅个体图形的岩画分布在沟谷两侧绵延600多米的山岩石壁上。画面艺术造型粗犷浑厚，

构图朴实,姿态自然,写实性较强。以人首像为主的占总数的一半以上。其次为牛、马、驴、鹿、鸟、狼等动物图形。

2、西夏王陵

国家4A级风景旅游区,具有"神秘东方金字塔"之称,是西夏国历代帝王的陵寝,是中国现存规模最大、地面遗迹保存最完整的帝王陵园之一。

陵园面积颇大,南北长10公里,东西宽4公里,共有8座王陵,70余座葬陵。每个陵园面积达10万平方米。

3、寺口

中卫寺口位于宁夏中卫市,历史上是汉朝中郎将苏武出使匈奴被扣留后牧羊的地方。是西域大漠一处值得一游的古迹。

4、高庙

位于中卫市区城北.建在接连城墙的高台上。据传,始建于明永乐年间,经历代增建重修,至清代已成为一处规模较大的古建筑群,表现出宁夏古建筑的风貌。它与"大漠奇观"齐名,是中卫两大景观之一。

5、水稍子

水稍子风情园位于腾格里大沙漠南部边缘，和通湖相隔不远。稍，听人讲蒙语是最后的意思，水稍子即意为沙漠中最后一块有水的地方。在这里，没有车马喧嚣的市声，没有忙碌繁杂的应酬，更没有伪装，没有欺骗。

6、通湖草原

通湖草原是蒙古族牧民区，在这里食、宿、娱、游无不体现出浓厚的蒙族风情。游人到来，美丽的蒙古族姑娘伴随着歌声，把美酒、哈达献给远道而来的客人。

通湖旅游区游乐项目丰富多彩，游人可策马扬鞭驰骋草原。可乘牵引伞、太空球遨游蓝天。可乘卡丁车或自驾车浪漫游览。还可以引弓搭箭来个蒙古射箭一试身手。

青海著名的旅游景点

青海地处高原，别有一番自然神韵。藏传佛教在此有悠久的历史。高原风光令人神往。

1、湟中塔尔寺

自西宁有车前往。寺庙始建于明代嘉靖三十九年为我国喇嘛教格鲁派六大寺之一。整座院落依山势而筑，包括大金瓦寺、小金瓦寺等十几座寺庙，构成规模宏大的建筑群。

2、东关清真大寺

东关清真大寺，位于西宁东关大街东大街路南一侧，初建于明太祖洪武十二年，至今已有600多年的历史。

3、贵德黄河

贵德黄河称为"黄河少女"。雪山下的黄河水是清的，黄河湿地的水是清的。贵德的黄河水，并不像其他地段的黄河那样浑浊，它清澈见底。虽无那般雄伟气势，但也不缺乏神韵。绿如翠玉的水在阳光的照耀下，闪着点点金光，在微风的吹拂下，泛着微微涟漪，真是美不胜收！在配上远处的高山森林后，好一幅美丽的画卷。

4、日月山

日月山，初唐时名赤岭。位于湟源县西南，青海湖东南，既是湟源、共和两县的交界处，又是青海农区和牧区的分界线，海拔3520米，是游人进入青藏高原的必经之地，故有"西海屏风"、"草原门户"之称。

日月山其名的由来，跟文成公主有关。如今，根据文成公主那些动人的历史传说而建设的日月山景区已出具形态，景区内有文成公主像、文成公主纪念馆以及日亭、月亭、日月泉等。

5、塔尔寺

塔尔寺位于西宁市区西南25公里的湟中县，鲁沙尔镇西南隅，是我国著名的喇嘛寺院，是喇嘛教黄教创始人宗喀巴诞生地，亦是西北地区佛教活动的中心。

6、老爷山

旧时称北武当，又名元朔山，因山峰顶部建有太元宫（即关公庙），庙内雕塑有关公像而得名老爷山。是一座山势雄伟、风景优美的山峰，山顶海拔约2900多米，相对高度为480多米。

7、可可西里 自然保护区

可可西里蒙语意为"青色的山梁"，又一说是"美丽的少女"。它位于青藏高原西北部，夹在唐古拉山和昆仑山之间，是长江的主要源区之一。 可可西里自然保护区是目前世界上原始生态环境保存最完美的地区之一，也是最后一块保留着原始状态的自然之地。周围没屏障，地势高峻，平均海拔高度在5000米以上。

8、北禅寺

第二座悬空寺：发育完好的丹霞地貌向里凹进，形成大小不等的洞穴，素有"九窟十八洞"之称，红崖间殿宇高悬，栈道回廊，将殿宇楼阁与洞穴相连，使殿中有洞，洞内套洞，洞中塑有佛道诸神像，被称为中国第二座悬空寺。

9、原子城

原子城建于1958年，我国第一颗原子弹、第一颗氢弹均诞生于此，故称为"原子城"。在50年代，中国的最高决策者们，提出中国不能没有原子弹，就这样中国踏上了研制原子弹的艰苦旅程。首先是选址，经过再三斟酌，选定了青海省海晏县的金银滩，对外称二二一厂。

新疆著名的旅游景点

古代的丝绸之路在此有很长的旅程，大漠的自然风光，更增添游人的遐想，维吾尔族的风俗习惯、建筑艺术、文化特点，也令人陶醉。访古寻幽，观赏风光，令人神往。

1、交河故城

位于吐鲁番市西约10公里，为汉代车师王前庭治所在地。今见之

故城，为唐代旧址。南北长约1000米，东西宽300米，凡大道、房基、佛塔、寺院等当年建筑遗址，均历历在目。

2、天山天池风景区

新疆天山天池是大地的眼睛。造化之神将它镶嵌在天山博格达峰半山腰，一展山川之壮丽，汲取天地之精华。这里浓缩了中国西部最美的自然与人文。

3、白杨河魔鬼城

白杨河魔鬼城东南距托克逊县城28公里，有公路直通。是达坂城风口吹来的大风顺白杨河谷留下的杰作。"城"内城堡、殿堂、人物、禽兽宛然，每当风起，似鬼哭狼嚎，因名魔鬼城。

4、苏公塔

又名额敏塔，位于吐鲁番市东郊2公里处葡萄乡木纳格村的台地上，是一座造型新颖别致的伊斯兰教古塔，它是新疆境内现存最大的古塔，每年来这里参观礼拜的人络绎不绝。1988年被国务院列为全国重点文物保护单位。

5、火焰山

每当盛夏，山体在烈日照射下，炽热气流滚滚上升，赭红色的山体看似烈火在燃烧。火焰山位于吐鲁番盆地的中部，东西长98公里，南北宽9公里，最高处海拔851米，主峰位于鄯善县连木沁镇西面12公里处。

6、火龙洞

位于伊宁市西北19公里处，巴彦岱乡境内的铁厂沟西山中。"火龙"是指这里的地热，山的缝隙冒出富含矿物质的热气，可以治疗各种疾病，每个洞穴里冒出的热气温度、湿度、所含气体都不一样，所能治的病也都不一样，有的洞中冒出的气体高达百余地，可以煮烂羊肉。

7、塔克拉玛干沙漠

塔克拉玛干沙漠位于新疆维吾尔自治区南部,56万平方公里的塔里木盆地的腹部。整个沙漠东西长约1000余公里,南北宽约400多公里,总面积337600平方公里。它占全国沙漠面积的47.3%,是中国最大的沙漠。在世界各大沙漠中,按面积它小于北非的撒哈拉沙漠、澳洲的大沙沙漠和中亚的卡拉库姆沙漠,排名第六。

8、壁照山

南山照壁山,因山口有巨大石崖,酷似旧时府第的照壁墙而得名。位于市区以南80余公里处板房沟乡,喀拉乌成山峡谷中。谷内有大片草场和茂密森林,汹涌的通天河纵贯沟中,别有一番野趣。

9、天山一号冰川

雄伟壮丽的天山一号冰川号称"世界上离大都市最近的冰川",通往一号冰川的公路沿途景色更是优美绝伦。

10、林则徐纪念馆

林则徐纪念馆位于伊宁市边境经济合作区。鸦片战争后不久,以禁毒和抗英而声誉卓著的民族英雄林则徐,被谪戍伊犁,虽身处逆境,仍忠诚报国。在两年时间里,他致力勘垦,兴修水利,造福人民,受到伊犁各族人民的尊敬和爱戴。

东北地区著名的旅游景点

黑龙江著名的旅游景点

1、五大连池

五大连池风景区暨五大连池世界地质公园位于中国黑龙江省的中北部，地处小兴安岭山地向松嫩平原的转换地带。地质公园与五大连池市原德都县、孙吴县、嫩江县、讷河市毗邻，总面积1060平方公里。地球在长达46亿年的复杂演化过程中，为人类提供了优美的自然环境和丰富的物质资源。

景区内矗立着十四座新老期火山，喷发年代跳跃很大，由史前的200多万年到近代的280多年前，是世界顶级资源。这里拥有世界上保存最完整、分布最集中、品类最齐全、状貌最典型的新老期火山地质地貌。

2、镜泊湖

镜泊湖位于牡丹江市的西南面，总面积1200平方公里。是我国北方著名的风景区和避暑胜地，被誉为"北方的西湖"。镜泊湖是历经五次火山爆发，由熔岩阻塞河流形成的高山堰塞湖，

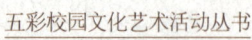

是世界上少有的高山湖泊。

镜这里环境幽雅，一片恬静、秀丽的大自然风光，这正是镜泊湖的诱人之处。在湖的北岸半岛上，有一些建筑别致的小别墅和旅游设施，这就是镜泊湖的游览中心镜泊山庄。除了镜泊山庄以外，整个湖周围很少有建筑物，只有山峦和葱郁的树林，呈现一派秀丽的大自然风光，而这正是镜泊湖的诱人之处。镜泊湖百里长湖之中，山中有湖，湖中有岛：有气势轩昂的大孤山；有精巧别致的珍珠门；有形神兼备的道士山，湖深平均为40米，全湖分为北湖、中湖、南湖、和上湖四个湖区。

最著名的湖中八大景却犹如八颗光彩照人的明珠镶嵌在这条飘在万绿丛中的缎带上。这最著名的八大景是到吊水楼瀑布，大孤山、小孤山、白石砬子、城墙砬子、珍珠门、道士山和老鸹砬子。

3、太阳岛

太阳岛风景名胜区坐落在哈尔滨市松花江北岸，与繁华的市区隔水相望，是著名的旅游避暑胜地，是江漫滩湿地草原型风景名胜区。太阳岛碧水环绕，景色迷人，具有质朴、粗犷、天然无饰的原野风光特色。

这里的季象变化十分明显，春季山花烂漫，芳草萋萋，绿叶盈枝，鸟雀齐鸣，流水叮咚，清泉飞瀑，构成一幅万籁俱唱，繁花盈野的景象，具有满园春色关不住之感；夏日，柳绿花红，草木茂盛，花香四溢，白沙碧水，江涛万顷，游人如织；秋时，枫红柏绿，金叶复径，老圃黄花，层林尽染，乘兴登岛一游，则宛如漫步于色彩绚丽的人间仙境；冬季，飞雪轻舞，玉树银花，银装素裹，构成了一幅独具特色的北国风景画卷，素有"北国风光赛江南"之美誉。

4、香炉山

香炉山是以山岳、森林、水体和冰雪等自然景观为主体，集旅游、度假、冰雪、文化娱乐等综合开发建设为一体的休闲旅游圣地。江龙人秉承在保护原始生态的前提下创造效益，用最真挚的情感去爱这座雄伟壮丽的香炉山，建造一座让世人共享的绿色银行。"香炉山"是弘扬佛法的圣地。

5、中央大街

亚洲最长的步行街——哈尔滨中央大街，1400多米。"没有到过中央大街，就不能说来过哈尔滨"，中央大街是来哈尔滨旅游观光者必到之地。中央大街是哈尔滨市最繁盛、最有规划的一条商业步行街，北起江畔的防洪纪念塔广场，南接新阳广场，长1400米，仍保持原光滑的方块花岗石铺砌的路面，其角色就有如香港的弥敦道。

整条街区分为多个不同的段落，两旁耸立的不是大型的百货公司，便是有名的时装店及特色食肆。由于街上禁止车辆行使，因此不论是平日或假期，街上的人潮同样是川流不息。这条长街始建于1900年，街道建筑包罗了文艺复兴，巴洛克等多种风格的建筑71栋。涵盖了欧洲最具魅力的近300年文化发展史。现在的中央大街已经成为了集休闲、游览、购物为一体的步行街。

辽宁著名的旅游景点

辽宁是清代皇室的发祥地，留下入关以前的古迹较多。又因其地处于渤海与黄海之滨，千山山脉纵贯辽东半岛，聚山海之胜的几处景点亦颇迷人。

1、沈阳故宫

沈阳故宫始建于公元1625年，至今已经历了三百多年的沧桑岁月。其间有清朝开基创业的金戈铁马、康乾盛世的太平笙歌、清末民初的风云动荡和新中国成立后的重获新生，透过这里的红墙绿瓦，可以找寻到一幅丰富多彩的历史画卷。

沈阳故宫位于沈阳市中心，清廷入关前称帝于此，入关后，陆续扩建增修，占地6万余平方米，有十几个院落，房屋300余间。有崇政殿、凤凰楼、清宁宫、嘉荫台、文渊阁、仰熙斋等。

2、昭陵

昭陵又称北陵，在沈阳市北郊。为清皇太极与孝端文皇后的寝陵。是关外三陵中规模最大，保存最完整的一座。占地18万平方米。

3、福　陵

位于沈阳市东北11公里处，是清代太祖努尔哈赤和皇后叶赫那拉氏的寝陵。前临浑河，后倚天柱山，气势宏伟，风光秀丽。

4、天华山

天华山风景名胜区位于辽宁省东部山区的宽甸满族自治县灌水镇北部，距丹东140公里。景区内奇峰峻秀、峡谷纵横，林木葱茏，涧流飞瀑，堪称"旷世佳境，万景奇山"。

天华山为长白山脉西南麓，海拔1100多米的高寒林带区，景区总面积63平方公里。"白龙涧"、"青龙涧"、"玉龙涧"、"天华峰"、"西谷顶"五大景区浑然一体，这里的奇峰、怪石、森林、古木、洞峡、幽涧、瀑布、溪水的自然之美，相映生辉，它的奇妙、清

幽、雄险和润秀，以及密集型、高品位的自然景观资源，被专家们誉为"旷世佳境，万景奇山"。

5、后大湖瀑布

后大湖瀑布位于辽宁省本溪市草河掌镇小东沟村东北方向的大山深处，距沈阳约150公里左右。山高水远，鲜为人知。此地山清水秀，为纯自然环境，无任何人工雕琢之痕迹。瀑布随地形山势分三级落下，由三条瀑布组成，形成后大湖瀑布群，其中第一级瀑布藏于大山深处，其高差约为43米。平时水量较小，如运气好，水量大时，其雄伟气势，令人震撼，只有身临其境才能感受到其壮观之神韵。

6、大孤山

大孤山风景区位于丹东西南100公里处，东临大洋河，南濒黄海，峭拔突兀，孤峙海滨，总面积42平方公里，由大孤山古建筑群、小岛和鹿岛三个景区组成。大孤山古建筑群始建于唐代，是自然景观和人文景观的结合体，有天后宫以及十多个宫、殿及戏楼，石佛塔和观海亭组成。

站在观海亭举目南眺，黄海碧波和鹿岛风光尽收眼底。小岛风景区主要由14个独特的岛屿、辽阔的海域以及引人入胜的海水浴场组成，小岛东西长3.5公里，南北宽1.5公里，小岛南侧为前阳滩，其水秀沙白是天然海水浴场。丹东、东港有班车可达。

7、海洋岛

大连长海县海洋岛。海洋岛位于黄海深处，东与朝鲜半岛相望，西北与长山列岛毗邻，拥有长山列岛最好的港湾和最高的山峰海拔有388米，战略位置非常重要，有"黄海前哨"之称。

全岛面积18.98平方公里，距大连港76海里。海洋岛风光优美、空气清新、气候宜人、海水清澈无污染——是大连最清洁的海域之一，远离喧闹的城市，是难得的海浴、垂钓、休闲、度假和疗养胜地。

8、浑河源头

清原满族自治县湾甸子镇有抚顺市面积最大的林场。但它更为外人所熟知的却是因为镇内滚马岭是沈、抚两市母亲河——浑河的发源地。特别是近几年,随着浑河源森林公司的建立,这片宁静的山林尽情展示了它美丽的面容。

9、海王九岛

位于长山群岛东北端,北距庄河南15海里,东至鸭绿江口60海里,是省级长山群岛风景区中最为灿烂的一个景区。全区由疏密相宜的大海王、小海王、瘦龙,以及形似龟、象、狮、蛙等动物形象的元宝、海龟、井蛙、观象、双狮、团贺等6个小岛组成。

10、赤山

赤山位于辽宁南部,盖州与庄河交界处,与步云山紧紧相连。植被丰富,地形险峻复杂,夏天有让你找不着北的迷魂谷和藏在深山里的佛教寺院、道教塔林和保存相对完整的高丽山城遗址都位于其中。站在赤山顶峰远望,一湾湖水尽收眼底。寺院附近经常会出现三四只银白色的狐狸,调皮可爱。在这里你能体会到人与动物和谐共生。

吉林省著名的旅游景点

1、松花湖

松花湖是松花江上最大的人工湖泊,距吉林市约20公里,湖面狭长,绵延200多公里,湖区面积达480多平方公里。湖四周森林茂密,湖水如镜,群山倒映,景色如画。松花湖地处长白山山脉的西侧,植物分布有600多个种类,野生动物资源也很丰富。

湖中渔产丰饶,以白鱼、鲫鱼尤为著名。全国最大的冰雪运动训练基地——青山滑雪场位于区内,松花湖是中国重点风景名胜区。

2、长白山

长白山地处吉林省东南部,主峰是座火山锥体,海拔2691米,

为我国东北第一高峰。峰顶有火山湖——长白天池,水面为21平方公里,最大水深373米,水面海拔2194米。天池瀑布,飞落70多米,是松花江的源头。神秘的原始森林星罗棋布的温泉群、奇特的高山动植物独具特色。长白山现为国家级自然保护区。

3、净月潭森林公园

净月潭森林公园位于长春市东南15公里,这里有亚洲最大的人造森林。湖畔还有梅花鹿养殖场,是夏天消暑和冬天进行冰上运动的好去处。

4、伪满皇宫

长春市的伪满皇宫是伪满皇帝溥仪的宫殿,现已辟为"皇宫"陈列馆,对外开放。整个宫廷可分为内外两部分,主要建筑有熙楼、同德殿、勤民楼、怀远楼、嘉乐殿。此外还有花园、假山、防空洞、网球场、高尔夫球场等。

图书在版编目（CIP）数据

校园旅游类活动指导手册 / 王淼编著. —— 长春：吉林出版集团有限责任公司，2013.11（2020.11重印）
ISBN 978-7-5534-3314-1

Ⅰ.①校… Ⅱ.①王… Ⅲ.①旅游—青年读物②旅游—少年读物 Ⅳ.①F59-49

中国版本图书馆CIP数据核字(2013)第226699号

校园旅游类活动指导手册

王 淼 编著

出版人：	齐 郁
责任编辑：	孙 婷
封面设计：	大华文苑（北京）图书有限公司
版式设计：	大华文苑（北京）图书有限公司
法律顾问：	刘 畅
出　　版：	吉林出版集团股份有限公司
发　　行：	吉林出版集团青少年书刊发行有限公司
地　　址：	长春市福祉大路5788号
邮政编码：	130118
电　　话：	0431-81629800
传　　真：	0431-81629812
印　　刷：	北京兴星伟业印刷有限公司
版　　次：	2013年11月 第1版
印　　次：	2020年11月 第3次印刷
字　　数：	158千字
开　　本：	710mm×1000mm 1/16
印　　张：	12
书　　号：	ISBN 978-7-5534-3314-1
定　　价：	35.00元

版权所有　翻印必究